证人证言可信性研究

姜丽娜◎著

本书为国家社会科学基金项目
（12CFX055）结项成果

法律出版社
LAW PRESS·CHINA
北京

图书在版编目（CIP）数据

证人证言可信性研究 / 姜丽娜著. -- 北京 : 法律出版社, 2024. -- ISBN 978 - 7 - 5197 - 9466 - 8

Ⅰ. D925.013; D90 - 054

中国国家版本馆 CIP 数据核字第 20243PZ074 号

证人证言可信性研究
ZHENGREN ZHENGYAN KEXINXING YANJIU

姜丽娜 著

策划编辑 李　军
责任编辑 李　军
装帧设计 贾丹丹

出版发行 法律出版社
编辑统筹 法律应用出版分社
责任校对 晁明慧
责任印制 刘晓伟
经　　销 新华书店

开本 A5
印张 6.75　**字数** 200 千
版本 2024 年 11 月第 1 版
印次 2024 年 11 月第 1 次印刷
印刷 唐山玺诚印务有限公司

地址:北京市丰台区莲花池西里 7 号(100073)
网址:www. lawpress. com. cn
投稿邮箱:info@ lawpress. com. cn
举报盗版邮箱:jbwq@ lawpress. com. cn
销售电话:010 - 83938349
客服电话:010 - 83938350
咨询电话:010 - 63939796

书号:ISBN 978 - 7 - 5197 - 9466 - 8　**定价**:58.00 元
凡购买本社图书,如有印装错误,我社负责退换。电话:010 - 83938349

前　言

法学与心理学的融合:挑战与可能

随着实验心理学、统计分析技术的发展,心理学涉法学研究日益加深。在司法领域越来越多的问题需要专门的心理学知识、技术加以解答,这已经成为不争的事实。社会发展已经来到了数据化时代,法学研究、司法实践也开始引入科学化、数据化的模式。[①]在这场事实认定科学化的变革过程中,心理学在助力司法的同时,也给司法领域带来了前所未有的挑战。

早在20世纪初,著名的心理学家闵斯特伯格(Hugo Muensterberg)就在其《在证人席上》一书中指出,心理学研究成果与法学研究、法律实务特别是庭审、证据等领域具有密切联系,是相关法学问题的知识基础。[②] 20世纪六七十年代掀起了法学与心理学交叉研究的热浪,心理学工作者就法律相关问题展开了大量的研究,并且取得了丰硕的成果,其中尤以证人证言的心理学研究最为突出。心理学工作者

---

① 参见吴旭阳:《20世纪初美国法学与心理学的交叉研究及反思》,载《政法论坛》2020年第2期。

② See Hugo Muensterberg, *On the Witness Stand: Essays on Psychology and Crime*, The Mcclure Company, 1908, p. 3 – 6.

主张,心理学研究的科学性、规范性已经有了实质的提升,应当将心理学的研究方法引入法学研究中,将心理学研究成果推广到司法实务中。

面对心理学对于司法领域的涉入,法律工作者经历了一个从完全排斥到逐步借鉴心理学研究、有条件接受的过程。法学是非常古老而且成熟的学科,其有完整的理论、制度体系和程序模式,相较于其他学科,法学更具保守性和封闭性。因此,在心理学研究涉入司法领域之初,法律工作者对之进行了激烈的抗争。以著名的法学家威格摩尔(John Henry Wigmore)为代表的评批者对心理学研究的精确性、系统性、可获得性等进行了全面的反驳,他们认为心理学研究不能应用于司法领域。但是这些质疑的声音未能阻止心理学界乃至法学界持续开展研究。此后,法学研究领域尤其是证据法学、法庭科学领域越来越多地借鉴心理学的成果、方法和原理。威格摩尔后期所著的《司法证据原则》一书也涉及不少心理学的研究。此外,心理学的研究成果也逐步被应用于司法实践,如德国联邦最高法院将心理学关于目击辨认的研究结论作为辨认正确性的评估标准。在国外,心理学专家证人应邀走上法庭的也不在少数。当然,心理学专家证人的意见既有被法庭采纳的,也有被拒绝的,心理学与法学融合之路依旧坎坷。

心理学在法律领域的推广与应用不尽如人意,其与管理学、教育心理学等在实践领域的应用相比,差距明显。心理学介入法律领域的研究历史几乎与心理学的历史同步,但其被法学界接受的程度长期处于徘徊状态。[①] 法律工作者比任何人都需要对于证据

---

① 参见[奥]汉斯·格罗斯:《犯罪心理学:法官、法律工作者和法科学生读本》,刘静坤、张蔚译,北京理工大学出版社 2021 年版,第 1 页。

本质、法庭科学等法律问题的透彻理解,而事实上他们却忽视了丰富的文献和致力于法律领域的大量心理学研究成果。心理学与法学融合的困境,很大程度上是由法学与心理学之间的学科差异所导致的。法学具有稳定性和保守性,这在一定程度上限制了学科精细化的发展;法学强调逻辑、经验、定性研究,心理学则更为注重实证、数据、定量研究;法学与心理学对于同一现象、事物缺乏共识的概念与表述,语境上两者各说各话。

增加法学与心理学的互动与融合,在法学与心理学之间找到一个平衡点,是我们努力的方向。心理学工作者不应偏离自己专业知识的界限范围,其跨学科的研究应当限制在法学框架之下,不能抛开法律语境,恣意入侵法学领域。心理学对于司法的介入,应通过提供科学规范的研究结论来加以影响,而不是通过超过自己专业知识的评论来施加影响。事实上,只有将跨学科的研究限定在法学内部,才能赢得法律工作者的关注与支持,获得持久的生命力。另外,心理学的研究在进一步规范的前提下,也应当凸显其实用性,毕竟具有实用性的研究才具有持续研究和推广的价值。

司法领域对于事实的认定是对过去事件的重构,这些信息的重构往往不是单学科、单维度可以实现的,必须通过多学科、多维度的协同努力。以此为出发点,在法律领域,以心理学为代表的研究者们作出了不懈的努力,也取得了不小的成就。法律工作者也应顺应科学证据时代,不无理地排斥心理学研究,合理利用心理学研究成果,助力司法的公正。幸运的是,目前越来越多的法律工作者对于交叉学科和新兴学科发展持有包容的态度,能够正视心理学研究对于司法带来挑战与可能。

目　录

第一章

走进证言

心理学家威尔斯(Wells)表示,他和其他社会学家已就证人的记忆问题研究了十多年,“在DNA免罪案件出现之前,他们的这些研究基本被忽略了”。

——《误判》

证人证言是最常见的证据之一,在整个证据体系中占有重要地位。实践中,人们存在倚重证人证言的倾向,而错误证言所引起的冤假错案时有发生,证人证言便成为一个颇具争议的问题。证人证言作为言词证据的一种,它与人类的记忆具有密切的关系,相对于实物证据更容易受主客观因素的影响而发生失实的情况。从理论上来探讨记忆的原理与特性,用心理学的知识、原理来研究证人证言,能够更清晰地判断证人证言在证据体系中的价值。在证人证言的研究中,存在多学科研究的冲突与融合,证人证言作为法律研究中的一个重要领域,其研究价值不言而喻。

第一节 记忆与证言

一、记忆的原理与特性

记忆是人们日常生活中不可或缺的认知功能，一直备受研究者的关注。但记忆并不总是一帆风顺，你可能会记住事件的一部分而忘记其他，甚至会根据自己的需要来重构记忆。①

(一)记忆的过程

记忆是个体对其经验过的事物的识记、保持、再现的过程。②从信息加工的角度来看，记忆就是对输入信息进行编码、储存和提取的过程。③ 人类的记忆系统不会以一种静态的、可预测的方式收集和存储信息，而是有选择性地从感官中获取信息，并将其转换成有意义的模式加以储存，之后根据需要对这些模式进行提取。④

1. 编码

编码是对感知信息最初的加工。人们会从大量感觉输入中选择某一事件进行编码分类，对来自外部世界的信息形成心理表征，这一过程是自动的、快速的。经过编码的信息进入短时记忆，进入短时记忆的信息如果不加复述就可能被人遗忘，短时记忆的容量

---

① 参见杨治良、孙连荣、唐菁华编著：《记忆心理学》，华东师范大学出版社 2012 年版，第 107 页。

② 参见杨治良、郝兴昌主编：《心理学词典》，上海辞书出版社 2016 年版，第 308 页。

③ 参见彭聃龄主编：《普通心理学》，北京师范大学出版社 2004 年版，第 209 页。

④ 参见[美]菲利普·津巴多、罗伯特·约翰逊、薇薇安·麦卡恩：《普通心理学》(第 8 版)，傅小兰等译，人民邮电出版社 2022 年版，第 182 页。

非常有限。通过复述可能进入长时记忆，长时记忆中的信息通常能够保持相当长的时间，相对比较稳定，但大多数的记忆都未能进入人们的长时记忆。

2. 存储

存储是指将已经编码的信息储存在大脑中。但储存过程也伴随着遗忘的发生。德国著名心理学家艾宾浩斯(Ebbinghaus)是最早研究记忆的学者之一，提出了遗忘曲线(见图1－1)，描述了人类遗忘的规律，对记忆心理学的研究产生了深远的影响。此外，在存储的过程中，许多的因素都可能影响信息的完整性和准确性，储存的信息并不是一成不变的。

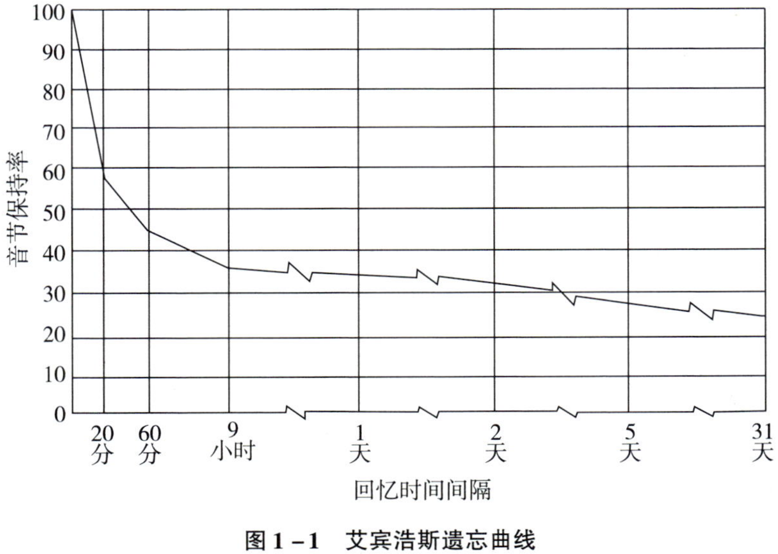

图1－1　艾宾浩斯遗忘曲线

(资料来源：叶奕乾、何存道、梁宁建主编：《普通心理学》，华东师范大学出版社2004年版，第150页。)

3. 提取

提取是指在一段时间后恢复储存的信息。提取可以分为回忆和再认。[①] 回忆是指当原来的识记材料或接触过的事物不在当前环境中出现时,仍能从记忆系统中提取出相应信息的过程。[②] 再认是指过去经验或识记过的事物再次呈现在面前时仍能确认和辨认出来的过程。[③] 一般认为,相较于回忆,再认提供了更多的线索,因此再认比回忆简单。

人们对于事件独特的、特性化的解释会改变我们对事件的编码、储存、提取,这就使得经历同一事件的个体,会以不同的方式感知、记忆、陈述事件。因此,人们记住的,并不一定是事件的原貌。

(二)记忆的特性

1. 记忆的场合依存性

场合是指事件发生的背景,它对人类的记忆具有广泛的影响。场合对记忆的影响主要体现在三个方面。首先,场合有时可以决定信息的编码。比如某些场合因素可能影响人们对一种模棱两可刺激的理解,但这种场合因素与目标信息的关系却未被意识识别。1998 年,史密斯(Smith)曾指出,经验发生的偶然的背景场合对认知加工产生了微妙的、广泛的、重要的影响。其次,场合有时可以决定记忆的保持。我们日常生活的经验证明记忆发生的环境对于

---

① 参见彭聃龄主编:《普通心理学》,北京师范大学出版社 2004 年版,第 210 页。

② 参见林崇德、杨治良、黄希庭主编:《心理学大词典》,上海教育出版社 2003 年版,第 513 页。

③ 参见林崇德、杨治良、黄希庭主编:《心理学大词典》,上海教育出版社 2003 年版,第 1643 页。

记忆保持的有效程度具有很大影响。比如，某个人在国外住了好几年，并且十分勤奋地学习外文，在当地他已能很流利地进行交流，可是当他返回本国几年以后，他惊讶地发现自己丧失了外文表达能力，但是让他同样惊讶的是当他返回国外时他又自然且流利地说起外文来。最后，场合有时可以决定记忆的提取。比如，你在一个陌生的地方碰到一个熟人，可能你一时认不出他，但是，假如将你们置身一个熟悉的环境，你可能很快就能认出他。

2. 记忆的自我参照特性

自传体记忆认为人的记忆是具有自我参照特性的，在记忆的众多分类中一直都备受研究者的青睐，它是联结自我、情绪、个人意义的桥梁，能使个体的整个认知系统更好地适应生活。英国心理学家巴特利特(Bartlett)是自传体记忆的代表性人物，在其《记忆：实验与社会心理学研究》一书中，他提出记忆具有重构性，记忆总是为了迎合当前意愿的需求而对过去事件进行重构。1986年，美国心理学家奈瑟(Neisser)提出自传体记忆"网络结构"的观点，其主张人们对一个事件往往会产生多水平描述，即"回忆一件体验过的事件不是对单一记录的提取而是在结构化网状水平上做适宜性提取"。[①]

3. 记忆的情绪性

在人们的回忆中，总会带有这样或那样的情绪。记忆的情绪性是记忆的一个显著的特性。情绪性的事件往往会让人留下深刻印

---

① 杨治良、孙连荣、唐菁华编著：《记忆心理学》，华东师范大学出版社2012年版，第315页。

象。1998 年,博安农(Bohannon)的研究表明,记忆的鲜活性与事件的情绪性之间存在高相关。那么人们对于这些鲜活记忆的准确性又如何呢?在对记忆的准确性进行研究时,一些研究者认为情绪事件回忆中有时存在明显的错误,即情绪事件记忆鲜活性与准确性之间没有直接关系。[①] 早在 1932 年,巴特利特就记忆的鲜活性作出陈述,“人们似乎记下的是态度,并且努力在记忆中为这种态度辩护”。[②] 目前,许多研究开始探究情绪聚焦对记忆内容和信源记忆的潜在影响。研究者认为情绪可能没有直接影响记忆,但可通过影响建构、提取、重构和评估记忆的知觉与反应过程来产生影响。[③]

4. 记忆的易错性

记忆并不像人们想象的那样准确,记忆并不能完整地记录我们的经历。2001 年,布雷纳德(Brainerd)和雷纳(Reyna)提出错误记忆可以分为自发性和植入性两种。自发性的错误记忆是指于个体自身的内部加工而导致的,植入性的错误记忆是由外力的介入而产生的。[④] 为什么我明明看到了却记不得了?为什么我记住的和我看到的不一样?记忆专家沙克特(Schacter)认为人类记忆的大部分问题都源于记忆的七宗罪,即短暂性、心不在焉、阻断、错误

---

① 参见杨治良、孙连荣、唐菁华编著:《记忆心理学》,华东师范大学出版社 2012 年版,第 380 页。

② Bartlett F. C., *Remembering: A Study in Experimental and Social Psychology*, Cambridge University Press, 1932, p. 11.

③ 参见杨治良、孙连荣、唐菁华编著:《记忆心理学》,华东师范大学出版社 2012 年版,第 404 页。

④ 参见刘希平、唐卫海、钟汝波:《记忆与元记忆心理学》,北京师范大学出版社 2022 年版,第 87 页。

归因、易受暗示性、偏差、纠缠(见表 1－1)。

表 1－1　记忆的“七宗罪”

罪名	描述	举例
短暂性	随着事件的推移,记忆的可提取性下降	单纯地忘记了很久以前经历的事情
心不在焉	因注意力不集中而导致遗忘	忘记把车钥匙放在了哪里
阻断	信息会存在于脑海中,但我们只能短暂地获取它	舌尖现象
错误归因	将记忆归因于不正确的来源	将梦里经历的事情与现实记忆相混淆
易受暗示性	将从未发生过的事情植入记忆	诱导性问题会导致虚假记忆
偏差	当前的知识和信念扭曲了我们对过去的记忆	基于当前对事物的态度来回忆过去的态度
纠缠	我们永远不会忘记那些我们不想记起的记忆	创伤性战争记忆

资料来源:[美]菲利普·津巴多、罗伯特·约翰逊、薇薇安·麦卡恩:《普通心理学》(第 8 版),傅小兰等译,人民邮电出版社 2022 年版,第 213 页。

(三)情绪对记忆的影响

情绪与记忆二者之间的关系一直是记忆心理学研究的热点内容。情绪对记忆的影响与应激密切相关。本部分内容将对情绪对记忆的影响作进一步探讨。

1. 主要理论观点

情绪对记忆的影响,目前主要有以下几种观点:

(1)情绪记忆的增强效应。部分学者认为人们对情绪刺激或者情绪事件的记忆效果好于中性刺激或者中性事件,并将此称为情绪记忆增强效应。2007 年,布坎南(Buchanan)的研究发现,在记忆加工的编码、巩固和提取阶段情绪都可能对记忆产生影响。[①]里奇(Ritchey)、多尔科斯(Dolcos)和卡韦萨(Cabeza)认为存在情绪记忆编码的增强效应,即相比于中性事件,在编码阶段,人们的注意会集中于带有情绪的信息,觉察情绪事件的速度会更快,编码时会使用大量认知资源,使人们对事件本身的编码更加细致、准确。[②]

(2)情绪诱发视盲效应。情绪诱发视盲(emotion-induced blindness,简称 EIB 效应)指情绪刺激干扰了正常的视觉注意功能,导致个体对视觉刺激的觉察丧失或注意损伤。[③] 有学者认为情绪促进目击者对某些类型信息记忆的同时,也有可能损害目击者对其他类型信息的记忆。莫斯特(Most)等人(2005)认为相比非情绪性事件,情绪性事件在知觉竞争中占据优势,情绪性的事件会自动化地吸引目击者的注意,获取更多的注意资源,从而干扰目击者对其他信息的识别。[④]

(3)情绪的网络理论。情绪网络理论由鲍尔(Bower)提出,他

---

① Buchanan T. W., Retrieval of Emotional Memories, Psychology Bulletin, Vol. 133:5, p. 761(2007).

② Ritchey M., Dolcos F., & Cabeza R., Role of Amygdala Connectivity in the Persistence of Emotional Memories over time: An Event-Related fMRI Investigation, Cereb Cortex, Vol. 18:11, p. 2494 – 2504(2008).

③ 参见陈武英等人:《情绪诱发的视盲:一种独特的功能性视盲》,载《细腻科学进展》2014 年第 3 期。

④ Most S. B., Chun M. M., Widders D. M., & Zald D. H., Attentional Rubbernecking: Cognitive Control and Personality in Emotion-Induced Blindness, Psychonomic Bulletin & Review, Vol. 12:4, 654 – 661(2005).

认为情绪是人们记忆网络的组成部分,不同的情绪启动不同的记忆。[①] 这一理论强调记忆的情绪体验。一些研究者认为在人们的头脑中会形成与情绪相关联的图式[②],当情绪恢复时,这些图式更容易被激活与提取。[③] 因此,在提取目击者的记忆过程中,建构与目击者相似的情境,使目击者产生相似的情绪体验,有利于获得准确的信息。

2. 情绪与应激

心理学关于情绪的研究常常会与应激联系在一起。在刑事辨认的研究中,目击案件在很多时候也能够引起人们的应激反应。当面对紧迫与危险的情境时,人们会出现精神高度紧张、心跳加快、呼吸急促、出汗等一系列生理与心理反应。研究者将这些非特异性全身反应称为应激(Selye,1936)。应激本身往往伴随一系列情绪变化,包括生理唤醒、高度紧张和焦虑、负性体验和心境等,具体来说,一方面应激能够提高大脑警觉并对情绪性敏感刺激的觉察、注意、识别和记忆能力;另一方面,应激也会引起诸如过度焦虑和敏感等不良影响,甚至导致应激相关情绪性障碍。[④] 迪克森(Dickerson)和凯梅尼(Kemeny)通过元分析研究提出应激的诱发必须具备四个特性,即紧迫性、高危险或威胁性、不可预知和不可

① Strongman K. T., the Psychology of Emotion, John Wiley & Sons press, 1995, p. 61 – 83.

② 图式是用来组织、描述和解释我们经验的概念网络和命题网络。

③ 参见王翠玲、邵志芳:《国外关于情绪与记忆的理论与实验研究综述》,载《心理科学》2004 年第 3 期。

④ 参见罗跃嘉等人:《应激的认知神经科学研究》,载《生理科学进展》2013 年第 5 期。

控性。[①] 犯罪事件往往具备上述特性,会使目击者产生紧张、焦虑、恐惧等情绪,提高警觉和唤醒水平,诱发目击者的应激状态。在实验室中,研究者通常采用这些包括暴力的、令人激动的图片或视频来使被试者进入应激状态(Pezdek, Abed & Cormia, 2021)。[②] 关于应激对记忆的影响,研究并没有得出一致的结论。德芬巴赫(Deffenbacher)等人(2004)认为应激会损害认知功能,导致认知灵活性下降,从而使记忆提取发生困难。[③] 谢尔穆罕默德(Shermohammed)等人(2019)的研究也显示处于应激情境下会损害目击者的记忆。[④] 国内学者陈禹等人(2016)也认为心理社会应激破坏个体的记忆功能。而有的研究者则认为应激会调动个人的认知资源,促进个体记忆。托马斯(Thomas)等人(2020)采用 VR 设备对比了威胁场景与非威胁场景下目击者辨认准确性,结果发现,在目标不在队列的情况下,威胁场景下的目击者辨认准确性显著高于非威胁场景下的目击者辨认准确性;但在目标在列的情况下,两者

---

① Dickerson S. S. & Kemeny M. E. , Acute Stressors and Cortisol Responses: A Theoretical Integration and Synthesis of Laboratory Research, Psychology Bulletin, Vol. 130, p. 355 – 391(2004).

② Pezdek K. , Abed E. , & Cormia A. , Elevated Stress Impairs the Accuracy of Eyewitness Memory but not the Confidence-Accuracy Relationship, Journal of Experimental Psychology: Applied, Vol. 27:1, p. 158 – 169(2021).

③ Deffenbacher K. A. , Bornstein B. H. , Penrod S. D. , McGorty K. , A Meta-Analytic Review of the Effects of High Stress on Eyewitness Memory, Law and Human Behavior, Vol. 28, p. 687 – 706 (2004).

④ Maheen Shermohammed, Juliet Y. Davidow, Leah H. Somerville & Vishnu P. Murty. , Stress Impacts the Fidelity but not Strength of Emotional Memories, Brain and Cognition, Vol. 133, p. 33 – 41(2019).

没有显著差异。[①] 另外也有部分研究发现应激不会影响记忆。2006 年,坎维舍尔(Kanwisher)和约维尔(Yovel)的研究发现大脑通过梭状回面部区域对面孔进行处理,因此他们认为应激不会损害记忆。[②] 彼得(Peter)等人(2019)研究显示应激状态对目击者的辨认准确性没有显著影响。[③]

有研究者提出关于应激对记忆的影响,还应当与个人特质结合起来考察。比如,高兴奋易感性的个体更容易受应激干扰。因为他们往往会对应激更加敏感,当面对应激事件时,更容易出现认知竭耗、风险决策等认知行为反应,从而对个体的记忆产生较大的影响。当考察应激、情绪、记忆时,心理韧性(resilience)备受关注,研究者认为在心理应激对记忆效果的影响中心理韧性具有重要的调节作用。心理韧性是指个体能够适应高强度的破坏性变化并在此过程中显现较少的不良行为的能力,或者个体从消极的经历中恢复过来以及灵活迅速地适应外界复杂多变环境的能力。[④] 心理

① Nyman Thomas J., Antfolk Jan, Lampinen James Michael, Korkman Julia & Santtila Pekka, Eyewitness Identifications after Witnessing Threatening and Non-Threatening Scenes in 360 – Degree Virtual Reality (or 2D) from First and Third Person Perspectives, PloS one, Vol. 15:9, p. 238 – 292(2020).

② Kanwisher N., Yovel G., The Fusiform Face Area: A Cortical Region Specialized for the Perception of Faces, Philosophical Transactions-Royal Society, Biological Sciences, Vol. 361, p. 2109 – 2128(2006).

③ Peter J. Hills, Daniel Dickinson, Leia M. Daniels, Charlotte A. Boobyer & Ross Burton., Being Observed Caused Physiological Stress Leading to Poorer Face Recognition, Acta Psychologica, Vol. 196, p. 118 – 128(2019).

④ Fletcher D. & Sarkar M., Psychological Resilience: A Review and Critique of Definitions, Concepts, and Theory, European Psychologist, Vol. 18:1, p. 12 – 23(2013).

韧性高的个体拥有较多的积极情绪及较低的心理应激，在经历应激后可快速恢复到应激前的状态，从而可以将更多的认知加工资源分配到记忆过程中，确保好的记忆成绩。①

二、错误记忆的研究范式与理论解释

（一）错误记忆的研究范式

1995 年，罗迪格（Roediger）和麦克德莫特（McDermott）将错误记忆定义为个体在脑海中错误地将未发生过的事件认为发生过，或者对事件的记忆与事件本身产生了明显的差异。② 探讨记忆的规律，理解错误记忆的发生，理解错误记忆的研究范式有助于对记忆作出客观的判断，减少错误记忆的发生。司法实践中的记忆主要是基于事件而产生，心理学工作者就证人证言的研究经历了长时间的探索，形成了一些具有代表性的研究范式。

1. 误导信息干扰范式（misinformation effect paradigm）

误导信息干扰范式是对人们感知事件的记忆研究最常使用的研究范式之一。基于事件的误导信息干扰范式主要包括两种类型，一种是问题误导范式，即在被试感知事件后，经过一段时间，采用误导性的方式向被试进行提问。另一种是叙述事件误导范式，即在被试感知事件后，给被试呈现包含与感知事件不同的信息的文字，间隔一段时间后再对被试进行提问。

---

① 参见赵改、陈光辉、孔繁昌：《急性心理应激影响记忆效果：心理韧性的调节作用》，载《心理科学》2018 年第 2 期。

② 参见刘希平、唐卫海、钟汝波：《记忆与元记忆心理学》，北京师范大学出版社 2022 年版，第 71 页。

误导信息干扰范式最经典、最广为人知的研究范式是问题误导范式。1974 年,美国著名心理学家洛夫特斯(Loftus)和帕尔默(Palmer)在研究中设计了问题误导范式,成为证人证言心理学研究中的经典范式之一。其具体的实验操作如下:先让被试观看一段撞车事故的录像,间隔一段时间后向被试提问(当两车______时,汽车的时速大约是多少英里?),其中一组被试画线部分采用碰撞(hit)进行提问,另一组被试画线部分采用撞毁(smashed)进行提问。[①] 结果,"撞毁"组被试估计汽车的时速快于"碰撞"组(40.8 英里/时 vs 34.0 英里/时),并且在一周以后的再次提问中(在上次录像中,你看到撞碎的玻璃了吗?),"撞毁"组中 32% 的人作了肯定的回答,而"碰撞"组中仅 14% 的人作了肯定的回答。洛夫特斯等人认为误导性的提问诱发了被试的错误记忆。继洛夫特斯之后,心理学研究者采用误导信息研究范式进行了大量的实验研究,揭示了误导信息对人类记忆的干扰效应。

叙述事件误导范式的实验程序如下:首先,以录像或幻灯片等形式向被试呈现事件;其次,间隔一段时间后再以文字的方式向被试呈现关于事件的信息,其中一组被试得到的是关于事件的真实描述(对照组),另一组被试得到的关于事件的描述中包含错误信息(误导组);最后,间隔一段时间后进行测试。在司法实践中,目击者在感知事件后,可能受到报纸、电视媒体等关于案件的报道,

① See Loftus E. F. & Palmer J. C. ,*Reconstruction of Auto-Mobile Destruction: An Example of the Interaction between Language and Memory*, Journal of Verbal Learning and Verbal Behavior, Vol. 13:5, p. 585 – 589(1974).

这其中也可能存在错误信息,形成对目击者的误导。因此,对于叙述事件误导范式的研究也受到了学者们的关注。

2. 社会依从性研究范式

1996 年,卡辛(Kassin)和基切尔(Kiechel)提出社会依从性研究范式,也有学者将其称为 KK 范式(Kassin & Kiechel paradigm),这一研究范式主要研究人们对于自己行为的记忆是否会受到外在信息的干扰。[①] 实验的具体程序如下:要求被试在电脑中输入自己听到的字母,但要求绝对不能碰触 ALT 键,否则系统会崩溃。在被试输入字母一段时间后,按照实验设计,计算机发出爆炸声。接着实验者指责被试碰触了 ALT 键导致数据丢失,系统崩溃。结果发现在那些受到指责的被试中,有 69% 的被试承认曾经碰触过 ALT 键,并伴有强烈的内疚感,部分被试还虚构出了具体的细节。这一研究显示:社会依从对于人们承认其是否做过某事是一个重要的因素;被试对细节的虚构说明他们的记忆被改变了;他人压力在错误记忆的形成中有一定的作用。

利用社会依从性研究范式对证人错误记忆进行研究主要集中于强制内化型的证人。1969 年,莱兹曼(Raizman)讨论了强制—内化型虚假供述发生的两个独立过程:第一个过程是"高受暗示型的类催眠状态";第二个过程是"自我概念"的变化。[②] 1982 年,古德琼森(Gudjonsson)和麦克基思(MacKeith)认为强制内化型证人

① See Kassin S. M. & Kiechel K. L., *The Social Psychology of False Confessions: Compliance, Internalization, and Confabulation*, Psychological Science, Vol. 7:3, p. 125 – 128(1996).

② See Foster H., *Confessions and the Station House Syndrome*, Depaul Law Review, Vol. 18:1, p. 683 – 701(1969).

错误证言的产生是由“记忆怀疑综合征”（Memory Doubt Syndrome，MDS）导致的，具体解释为：人们表现出对自己记忆的强烈怀疑，从而导致他们特别容易受到外界提示和暗示的影响。[①]

3. 想象膨胀范式（imagination inflation paradigm）

想象膨胀范式是指通过让被试想象经历了某件未发生过的事情，经过多次想象，使他们认为事情确实发生过，从而引发错误记忆。1996年，盖瑞（Garry）、曼宁（Manning）和洛夫特斯将这种通过想象引起的自信心膨胀称为想象膨胀。后续许多研究都证实了错误记忆会随着想象次数的增加而增加（Thomas & Loftus，2002；Thomas，Bulevich & Loftus，2003）。

经典的想象膨胀范式研究通过向被试提供一份列有多项童年事件的生活事件清单（life events inventory），让被试判断事件发生过的可能性，选出其中自己认为从未发生过的事件，然后要求被试对这些事件进行想象，间隔一段时间之后，要求被试再次评估清单中事件发生的可能性，结果发现那些从未发生过的事件，经过想象被认为曾经发生过。实验者根据被试对事件发生过的可能性评分值的前后变化来分析想象膨胀，从而确定错误记忆的发生情况。

想象膨胀范式受到了心理学研究者的广泛关注，学者们将这一范式应用于对证人证言的研究，特别是对儿童证言的研究，他们

---

① See Gudjonsson G. H. & MacKeith J. A. C., *False Confessions: Psychological Effects of Interrogation*, In A. Trankell (Ed.), Reconstructing the Past Deventer, The Netherlands: Kluwer. 1982, p. 253 – 269.

认为相较于成年人,儿童更容易受到暗示,并且不能很好地区分现实与想象,因此想象膨胀在儿童身上会有更显著的体现。

4. 辨认后反馈范式

1998 年,威尔斯和布拉德菲尔德(Bradfield)研究了反馈对于目击者辨认自信心的影响,他们发现在目击者做出辨认后,如果给予其肯定的反馈,会增加目击者的自信心,威尔斯等人将这一现象称为辨认后反馈效应。此后,心理学工作者采用辨认后反馈范式进行了大量的研究,证实了辨认后反馈效应存在(Wells & Quinlivan,2009; Wright & Skagerberg,2007)。

辨认后反馈范式的关键步骤是在目击者作出辨认后给予反馈(正反馈:你的辨认是正确的;负反馈:你的辨认是错误的),从而考察反馈对目击者辨认自信心的影响,结果发现正反馈会显著提高目击者的自信心,负反馈会显著降低目击者的自信心。辨认后反馈效应得到了大多数研究的肯定,但是反馈对于不同年龄被试、不同辨认正误被试的自信心影响并没有得出一致的结论。基于辨认后反馈模式的研究有助于对证人自信心与准确性的关系作出进一步的分析与解释。

(二)错误记忆的理论解释

1. 记忆重构理论

记忆重构理论强调记忆是能动的,是不断变化的,认为人在回忆时,会结合自身的知识经验、认知、动机等因素来重新建构事实。最早提出记忆重构理论的是巴特利特,他在 1932 年就提出"记忆并非无数僵化的、无生机的、散碎的痕迹的再次兴奋,而是一个富于想象的重构或建构过程”。[①] 巴特利特认为记忆总是为了迎合当前意愿的需求而对过去事件加以重构，强调人原有知识和经验的作用。

后续大量对错误记忆的研究，学者们都采用记忆重构理论来解释错误记忆的发生，他们认为由于记忆具有功能上的重构性，在信息的提取过程中，所有可利用的资源都会被用以重构事件的各项细节。如洛夫特斯等人在采用误导信息干扰范式研究错误记忆时，也采用了记忆重构理论来解释错误记忆的发生，他们认为接触过误导信息的目击者，在储存阶段会将误导信息用于重构最初的事件。

2. 模糊痕迹理论（fuzzy-trace theory，FTT）

1995 年，雷纳和布雷纳德提出了模糊痕迹理论。该理论认为人们经历事件时，会将信息分为两种成分进行编码和储存：一种是字面表征；另一种是要点表征，这些心理表征在区分事件时，具有不同程度的精确性。模糊痕迹理论主要有三个基本原理：第一，两种表征，其过程是相互独立、互不影响的；第二，两种痕迹表征的可得性会受到事件影响而发生变化；第三，在提取阶段，不同的表征方式对关键诱词的记忆程度产生差异。[②]

根据这一理论，错误记忆的产生是由于字面表征的遗忘或者是在提取时用要点表征代替了字面表征，以致发生提取困惑，或者发生了混淆，而产生错误记忆。越来越多的心理学工作者将模糊

---

① Bartlett F. C., *Remembering: A Study in Experimental and Social Psychology*, Cambridge University Press, 1932, p. 31 – 33.

② 参见刘希平、唐卫海、钟汝波：《记忆与元记忆心理学》，北京师范大学出版社 2022 年版，第 82 ~ 83 页。

痕迹理论运用到司法实践,这一理论对传统的经验性观点提出了挑战,为解释证人错误记忆的产生提供了理论支持。

3. 源检测理论(source-monitoring framework)

1993 年,约翰逊(Johnson)、胡西迪奇(Hashtroudi)、林赛(Lindsay)等人在现实检测(reality monitoring)的理论基础之上提出了源检测理论。① 源检测是对记忆来源作出判断的一系列加工过程,该理论的核心观点是记忆信息可归因于特定来源。② 根据源检测理论可以分为三类源检测,分别为:内源检测(对内部产生的事件来源的区分,比如判断是想过的还是做过的)、外源检测(对外部产生的事件来源的区分,比如判断在 A 处见过还是在 B 处见过)和内—外源检测(对一件事是内部产生的还是外部产生的作出区分,比如判断某事件是自己想象还是亲历的)。日常生活中,当我们听到别人谈论某一新闻、故事或事件时,我们"知道"但早已忘记自己是"怎么知道"的,关于"怎么知道"的记忆,这就反映了我们对信息来源的记忆力。

源检测理论的一个重要的预测是,对于事件来源的混淆,会造成错误记忆。源检测理论引起了学者对提高目击者回忆准确性方法的广泛探索。1989 年,林赛和约翰逊采用源检测的方法(在提问时,要求被试作出信息来源的判断)开展记忆研究,结果显示采

---

① See Johnson M. K., Hashtroudi S. & Lindsay D. S., *Source Monitoring*, Psychological Bulletin, Vol. 114:1, p. 3 – 28 (1993).

② See Lindsay D. S., Allen B. P., Chan J. C. K. & Dahl L. C., *Eyewitness Suggestibility and Source Similarity: Intrusions of Details from one Event into Memory Reports of another Event*, Journal of Memory and Language, Vol. 50:1, p. 96 – 111 (2004).

用源检测的测试方式明显提高了被试的回忆准确性。2002 年，埃克卡宁(Eekkanen)和麦克沃伊(McEvoy)支持了林赛的研究结论，证实采用源检测测试能有效地降低被试的受暗示性。

4. 熟悉感归因理论(familiarity-attribution theory)

1981 年，雅各比(Jacoby)和达拉斯(Dallas)提出了记忆归因理论。该理论认为记忆是两个因素的结合物：一是对事件加工的流畅性；二是将加工流畅归因于过去经历的心理定势。① 熟悉感归因理论认为熟悉感会带来加工的流畅性，人们倾向于将流畅记忆的事件归于自己的经历。

然而熟悉感不仅源于亲身经历，比如想象也能增加人们的熟悉感，导致加工的流畅性，基于此就有可能产生错误记忆。另外，也并非所有亲身经历的事件所带来的熟悉感，都会产生准确的回忆，比如都是亲身经历的事件，但人们混淆了事件的外部来源，也可能导致错误记忆。

5. 建构记忆理论(constructive memory framework)

1998 年，沙克特(Schacter)、诺尔曼(Norman)和库特塔尔(Koutstaal)综合了各种错误记忆理论，提出了建构记忆理论。建构记忆理论强调将特征结合、模式分离、完形、提取聚焦、标准设置等作为准确记忆或非准确记忆的中介，将事物的表征定义为特征构成的模式而提取涉及激活扩散导致的完形加工。建构记忆理论

---

① See Jacoby L. L. & Dallas M., *On the Relationship between Autobiographical Memory and Perceptual Learning*, Journal of Experimental Psychology: General, Vol. 110:3, p. 306 – 340 (1981).

是一个整合的理论,该理论认为错误记忆的产生,既可能源于记忆痕迹的模糊,也可能是目击者混淆了记忆的来源,或者在源检测中设置了一个宽松的标准,还可能来源于其他误导信息对于记忆重构的影响。

建构记忆理论倡导用多元的理论解释错误记忆的产生,为学者们进一步研究证人错误记忆打开了一个全新的视角。

三、证人证言及相关概念的理解

(一)证人证言

证人证言是指在诉讼过程中,证人就其所知道的案件情况向司法机关所作的陈述。广义的证人是指一切向司法机关陈述案件相关情况的人,包括当事人、鉴定人、专家证人等。狭义的证人是指向司法机关陈述案件相关情况的第三人,不包括当事人、鉴定人等。在英美法系国家,普遍采用广义的证人概念,因此证人证言在英美法系国家的诉讼中占据着十分重要的作用,诉讼是围绕证人证言展开的。我国采用的是狭义的证人证言概念。但本书中我们所说的证人证言是广义的证人证言。另外,英美法系国家有普通证人和专家证人之分,而我国没有相应的专家证人的概念。本书关于证人证言的探讨不拘泥于我国的证人证言概念。

(二)辨认

在英美法系国家,辨认是指亲身目击案件的人根据自己的记忆,判断某人或某物是否与其目击的案件中的人或物为统一的过程。在英美法系国家,辨认主要指的是目击辨认,其他感官的辨认几乎不涉及。另外,由于英美法系国家采取的是广义的证人的概念，因此辨认的主体与广义的证人的主体相同。在我国，学者们通常将辨认理解为侦查辨认，其认为辨认是指在侦查工作中，侦查人员组织被害人、证人或犯罪嫌疑人对与犯罪有关的物品、文件、尸体、场所或者犯罪嫌疑人等客体特征进行辨认，找出或者认定曾经感知的特定客体的一项侦查措施。[①] 在本书中，我们对于辨认的阐释不局限于我国法律关于辨认的规定。辨认基于人的记忆产生，从心理学的角度来看，辨认等同于再认。在司法实践中，收集证人证言的过程也伴随着辨认的进行，辨认也会对证人证言的可信性产生影响。辨认也是证人基于自身对于案件感知作出的判断，从一定程度上来说，辨认也是证人证言的内容之一。

（三）证人证言可信性

在国内外都没有关于证人证言可信性的统一概念。证人证言可信性其核心的问题是“可信”。“可信”指的是可以相信，可以信赖。基于此，证人证言可信性强调的是证人证言可以相信、信赖的程度。国内学者王进喜认为证人证言可信性应当包括证人的可信性和证言内容的可信性两个方面。[②] 不可信的证人证言有两种表现形式，一是误证，二是伪证。误证与伪证涉及的心理机制存在较大差异，误证是一种“非故意说谎”行为，伪证是一种“故意说谎”行为。心理学关于误证的研究多集中于对证人证言形成过程中的各种因素的探讨上，而对于伪证行为的研究多集中于对证人伪证动机的探讨上。本书主要探讨误证影响证人证言可信性的问题，

① 参见孙延庆主编：《侦查措施与策略》，中国民主法制出版社 2007 年版，第 92 页。

② 参见张保生主编：《证据法学》，中国政法大学出版社 2009 年版，第 251 页。

在证人证言可信性的评估等内容中也会涉及伪证的检测问题。

部分学者认为证人证言可信性是指证人证言的准确性。笔者认为证人证言的可信性基于证人证言的准确性,但是证人证言的可信性不等同于证人证言的准确性。比如,人们对于证人证言是否可信的判断,会考虑是否存在一些影响证人证言准确性的因素,但是很多时候,人们对于证人证言可信性的判断还依赖于证人表现出的自信心等。因此,证人证言的可信性是人们对于证言是否可信的综合判断。

四、证人证言——走进司法的记忆

证人证言的形成基于记忆的形成,从某种意义上说,证人证言是一种走进司法的记忆。法庭上司法证言不同于人们平时的言语,它蕴含着更多的意义,影响着司法的公正,因而也受到了人们更多的关注。但是,记忆并不能给证言提供坚实的立足点。大量的研究和事实表明,记忆并不像人们期待的那么准确。而且,人们也往往不能很好地辨别我们现在回想起来的内容是否正确反映了过去的经历,抑或记忆已经受到了污染。

现实生活中,人们倾向于相信记忆,因为那是人们亲身经历的,是形象生动的,并且在日常生活中,也往往没有人在意你的记忆是否发生了错误。人们在意的是你的言语是否完整、生动、有意义,而不在乎是否有非源于你记忆的信息出现在你的言语中。这使得人们常误认为记忆就像录像机一样能准确地记录我们感知的一切。这种信念广泛存在于人们的头脑中,在很大程度上也影响了法律工作者对待证人证言的态度。在司法实践中,法律工作者存在依赖证人证言的倾向，因证人证言往往形象、生动、完整，人们倾向于相信证人证言。甚至在审判中，以“证言形象、逼真，可以信赖”来评估证人证言的可信性。诉讼中的证人证言不同于我们平时的言语，它以明晰事实为目的，任何一点的错误都可能影响司法的公正，造成无法挽回的损失。因此，对于证人证言的收集、评估都应当谨慎、规范。

第二节　直接而又危险的证据——证人证言

一个诚实的证人所提供的证言一定是真实的吗？答案是否定的。大量错误证言导致的误判案件向人们昭示：一个诚实的证人也可能提供错误的证言。在大多数已知的错误定罪案件中，我们已经观察到一个甚至更多的造成冤案形成的因素，而其中最重要的因素之一就是目击证人的错误证言。根据美国无辜者工程的统计，在 20 世纪 80 年代末和 90 年代通过 DNA 技术得以洗刷冤屈的案件中，75% 以上的错误定罪是部分或者完全基于目击证人的错误证词。[①] 证人证言在历史上一直被视为破案和定罪最有价值的工具。对于裁判者来说，证人证言常常比不在犯罪现场的证据和其他与之冲突的证据更有说服力。因此，它有时便成为无辜者被定罪的首要原因。巴特利特在《记忆：一个实验的与社会的心理学研究》一书中提

① See Scheck B., Neufeld P. & Dwyer J., *Actual Innocence: Five Days to Execution and other Dispatches from the Wrongly Convicted*, NewYork: Double day, 2000, p. 15.

到,“记忆始终与我们的构念*混合在一起,也许记忆本身的特点就在于它的构念性,它是对过去感知的个人经验的证实”。[①]

证人证言对于破案和定罪的重要性,使证人证言的易错性成为法律工作者不愿去正视的敏感话题。事实上,直到最近,司法系统对于心理学工作者早已了解的记忆运作原理仍充耳不闻。而借助DNA成功洗冤的教训使法律工作者重新审视了心理学关于证人证言的研究,心理学工作者所倡导的对于目击证人作证程序的改革也开始逐渐被认可。证人作证程序改革的倡导者认为,依据心理学研究成果进行必要的改革措施不会排除或者限制目击证人证词,它们只是力求确保作证的目击证人的记忆尽可能地未被污染和未做妥协。[②] 这无疑有利于防范冤假错案的发生,有利于实现司法正义。

一、司法中的错误记忆

记忆不是对过去经历不变的记录,从体验事件之后就可能发生种种变化。证人证言这种基于记忆的证据是法庭上最常见的证据之一,常常对定罪量刑起着关键的作用。在证人证言的形成过程中存在着大量影响证人证言可信性的因素。证人证言在案件中

---

* 构念,也称个人构念(personal construct),由美国心理学家凯利提出,是指个体对周围世界的看法、解释和赋予意义的过程,是个体为预期事物采取的主要方法。参见林崇德:《心理学大辞典(上卷)》,上海教育出版社2003年版,第405页。

① See Bartlett F. C., *Remembering: A Study in Experimental and Social Psychology*, Cambridge University Press, 1932, p. 31.

② 参见[美]吉姆·佩特罗、南希·佩特罗:《冤案何以发生:导致冤假错案的八大司法迷信》,苑宁宁、陈效等译,北京大学出版社2012年版,第187页。

所起的重大作用与证人证言本身的特点,使得人们常常对证人证言怀着一种矛盾的情绪。加之现实中错误的证人证言导致的冤假错案时有发生,人们不禁要问:证人证言可信吗?DNA 一次又一次地证明了即使是看似言之凿凿的证人证言也可能是完全错误的。可悲的是,受害人因为这一残酷的事实再度受害——正是他们的证词让无辜者付出了在监狱中度过数年时光的代价。[①]

有学者调查了 1973 年英格兰和威尔士的全部辨认活动。结果发现:2116 个辨认活动中 45% 的证人认出了嫌疑人;在被证人认出后,有 850 人受到控告,而在这些被控告的人当中,有 169 例控告被告人的证据,只是一个目击证人所提供的辨认,有 178 例也只是几个目击证人所提供的辨认,而这些总数为 347 起的诉讼案中竟有 74% 被判有罪。这些数字表明即使没有其他证据,有一个或几个目击证人的证词也能起压倒性影响。[②]

2005 年,沃登(Warden)剖析了伊利洛州自 1978 年福尔曼(Folman)一案后 17 起宣判死刑的错案,发现在导致 17 人被错判的案件中,8 起是因为目击证人的错误辨认(占 47.1%),13 起涉及不可靠的证言(占 76.5%)。[③] 1986 年赫夫(Huff)、拉特纳(Rattner)和萨加尔(Sagarin)分析了美国 500 例错判案件,结果发

① 参见[美]吉姆·佩特罗、南希·佩特罗:《冤案何以发生:导致冤假错案的八大司法迷信》,苑宁宁、陈效等译,北京大学出版社 2012 年版,第 199 页。

② 参见郑芸珍等译:《心理学与法律》,中国政法大学出版社 1989 年版,第 261 页。

③ See Warden R., *Illino is Death Penalty Reform: How It Happened, What in Promises*, The Journal of Criminal Law & Criminology, Vol. 95:2, p. 381 –426 (2005).

现近60%的案件包含了错误的证人证言。[①] 1988年,拉特纳对美国205起错案进行了剖析,发现造成这205起错案的原因有目击证人的错误辨认、伪证、虚假供述、不科学的鉴定、检察官与警察的不当行为和律师的辩护失职,其中错误的证言引起的错判占63.3%。[②] 2001年,舍克(Scheck)、诺伊费尔德(Neufeld)和德怀尔(Dwyer)调查分析了从1992年开始被DNA检验确定为错案的74起案件,发现其中有60起是错误的辨认所致(占81%),15起涉及不可靠的证人证言(占11%)。[③] 通过这份调查我们可以看出,不可信的证人证言导致的错案占了92%。从上述所举的实例中可以看到,不可信证人证言的罪行可见一斑。

国内也有学者进行过有关错案的调查研究。2008年,何家弘等人以法官、检察官、警察和律师作为调查对象,共发放问卷140份,回收有效问卷139份,通过问卷调查结果比较了我国现行的7种证据种类中的哪类最容易导致刑事错案,结果有38%的被调查者选择了证人证言,在7种证据种类中居于首位,另外调查还显示87.05%的被调查者认为证据问题对错案的形成影响很大或较大。[④]

---

① See Huff C. R., Ratner A. & Sagarin E., *Guilty Until Proven Innocent: Wrongful Conviction and Public Policy*, Crime & Delinquency, Vol. 32:4, p. 518 – 544 (1986).

② See Rattner A., *Convicted but Innocent: Wrongful Conviction and the Criminal Justice System*, Law and Human Behavior, Vol. 12:3, p. 283 – 291 (1988).

③ See Scheck B., Neufeld P. & Dwyer J., *Actual Innocence: When Justice Goes Wrong and How to Make it Right*, New York: New American Library, 2001.

④ 参见何家弘、何然:《刑事错案中的证据问题——实证研究与经济分析》,载《政法论坛》2008年第2期。

上述的案例及学者的调查研究向大家呈现了由错误证言所带来的苦果。很多时候证人证言对于诉讼的顺利进行、案件的公正审判起着关键性的作用。人们对于证人证言具有一定的依赖性，而现实的案件和学者们的调查却告诉我们，证人证言在很多时候并不像我们期待的那样准确。

二、被记忆欺骗的证人

实践中，“撒谎”这个字眼往往让人们偏离了理性的轨道。证人为什么要说谎呢？是的，他没有必要说谎。你要知道，将手指向无辜被告的证人，并不是一定在撒谎，因为他们的确相信他们指证为真；他们眼前的那张脸，就是犯罪者的脸。[①] 无辜之人的脸，已经变成犯罪者的脸了。这听起来让人难以置信，然而事实上我们的记忆所发生的变化常常不被自己所知，我们坚信自己所听到看到的并不见得就是真实的。那么，为什么我不能相信自己的眼睛？研究表明，随着时间流逝，记忆亦逐渐改变，而我们会更加确信记忆中我们所看到、所说或所做过的事情；我们确切地相信，事实与虚构所混合出来的记忆最是完整且绝对为真；我们的确是心灵操控之下的无辜受害者。[②] 你现在所记忆的事件，事实上是从储存的信息中重建起来的，这其中的任何空隙，都会无意识地用其他的信息、推理加以填充。

---

① 参见［美］伊丽莎白·罗芙托斯、凯撒琳·柯西：《辩方证人：一个心理学家的法庭故事》，浩平译，中国政法大学出版社 2012 年版，第 15 页。

② 参见［美］伊丽莎白·罗芙托斯、凯撒琳·柯西：《辩方证人：一个心理学家的法庭故事》，浩平译，中国政法大学出版社 2012 年版，第 22 页。

如实陈述的证人往往对于自己的证言是深信不疑的,他们希望自己的证言能够助力审判的公正。但许多研究表明,对自己证言的确信程度与证言的准确性并没有对应的关系,甚至确信自己的证言绝对是正确的,事后往往被证实是错误的。如果证人指着犯罪嫌疑人说"没错,就是这个人",那么很多人都会相信证人的记忆。但是,这种充满确信的证言未必是正确的。实践中,存在大量由于证人的错误指证而发生的冤假错案。例如,导致重塑美国新泽西州的刑事程序和实践的案件——麦金利·克罗梅迪案。辩护律师在开场白中告诉陪审团,"证据会显示,证人不是一个骗子,但是她弄错了,她的辨认是错误的"。[①] 法官采信该辨认结果,并且强调"受害人对于辨认结果非常确定",也就是说受害人的辨认自信心影响了法官对辨认结果的采信。

三、被记忆欺骗的裁判者

在审判中,证人证言通常是最有影响力的证据。如果陪审团和法官相信证人已经诚实地作了证,那么这种信任很可能会导致有罪的判决。目击证人的指认对被告来说是最残忍的证据。当目击者将手指指向被告说"我亲眼看到他"的时候,那这案子可真如一位检察官所讲的,是"铜墙铁壁,密不透风"。[②] 不在犯罪现场的申辩、情况证据,甚至大量证明被告人无辜的物证,都不敌目击证

① [美]布兰登·L.加勒特:《误判:刑事指控错在哪了》(第2版),李奋飞等译,中国政法大学出版社2015年版,第210页。

② [美]伊丽莎白·罗芙托斯、凯撒琳·柯西:《辩方证人:一个心理学家的法庭故事》,浩平译,中国政法大学出版社2012年版,第15页。

人的法庭辨认。[①]

1974 年洛夫特斯针对裁判者的信念进行了一项实验研究，要求被试充当一起抢劫案的模拟陪审团。结果发现，在没有目击证言的情况下，有 18% 的被试认定被告有罪，当增加了一名目击证人的辨认时，有 72% 的被试认定被告有罪。1979 年，威尔斯、林赛和弗格森（Ferguson）研究了感知条件对证言准确性及裁判者信念的影响，他们控制了被试目击的视觉条件，分为清晰、适中和不清晰 3 种条件，在这 3 种条件下证人证言的准确率分别是 74%、50% 和 33%。[②] 而陪审团对这 3 类证言的信任率分别为 69%、57% 和 58%。1980 年，威尔斯等人推断观察者几乎没有能力辨别出将无辜者错认为是犯罪人的目击者。由此可见，在不同的感知条件下，证言准确率下降的比例与陪审团对证言信任率改变的比例是不匹配的，即便是在证人感知案件的条件不清晰的情况下，陪审团仍然表现出了对证人证言较高的信赖。人们对于证人证言的信念可能是基于以下三点假设：(1)最初的知觉和事件发生的原始情况是正确的；(2)信息的储存是可靠的；(3)在必要的场合，证人能无干扰地或无遗漏地准确回忆有关信息。而对于感知案件时的条件、记忆过程中的各种影响因素人们并不关心，即便是知道存在影响证人证言准确性的因素，人们仍然会坚持自己的信念。

---

① 参见[美]Lawrence S. Wrightsman：《司法心理学》，吴宗宪、林遐等译，中国轻工业出版社 2004 年版，第 121 页。

② See Wells G. L., Lindsay R. C. L. & Ferguson T. J., *Accuracy, Confidence, and Juror Perceptions in Eyewitness Identification*, Journal of Applied Psychology, Vol. 64:4, p. 440 – 448 (1979).

国内也有学者进行过相关的研究。为了调查证人证言在案件审判中的重要性，了解裁判者对待证人证言的态度，2004 年，学者刘立霞等人以法官为对象进行了相关的问卷调查。他在问卷中设计了两道题。第一道问题为：使用证人证言作为证据的案件占案件总数的比例是多少？结果表明，有近 83% 的法官认为使用证人证言作为证据的案件占案件总数的 70% 以上。第二道问题为：证人证言作为关键证据的案件占案件总数的比例是多少？结果表明，有近 60% 的被调查法官认为证人证言作为关键证据的案件占案件总数的 20% 以上。① 从该调查结果我们可以看出，证人证言对认定案件事实非常重要，裁判者常常依赖证人证言作出相关判决。

对于任何证人都可能提供错误证言这一情况，大多数的法律工作者不以为然。在杰里 · 米勒一案中，主审法官对于心理学专家提出的受害人在辨认犯罪嫌疑人时可能发生错误表示了极大的怀疑。他认为在一起强奸案中，在施暴者并未蒙面的情况下，受害人不能识别施暴者是匪夷所思的。但事实上，在美国 190 起包含目击证人证言的平反案件中，至少有 290 名目击证人进行了错误辨认，这其中有 73% (213/290) 都是受害人，特别是强奸案件的受害人。②

更不幸的是，大多数陪审员依然没有准备好如何评价证人证

① 参见刘立霞、吴丹红：《证人制度的实证分析》，载何家弘主编：《证据学论坛》第 7 卷，中国检察出版社 2004 年版，第 421 ~ 432 页。

② 参见［美］布兰登 · L. 加勒特：《误判：刑事指控错在哪了》（第 2 版），李奋飞等译，中国政法大学出版社 2015 年版，第 41 页。

言的可信性。即使是那些理智地认识到目击证言固有缺陷的陪审员，在听到被害人自信地说“就是他！我永远不会忘记那张脸！”时，也会忽略这些缺陷，就像“他们的”案子不可能存在这些缺陷。[①]

尽管现实生活中存在着不少因错误证言导致的冤假错案，但裁判者还是愿意相信证人。为什么会出现这种情况呢？可能存在以下几方面的原因：一是因为人们往往不理解人类的记忆是怎样工作的，总是认为自己能记得很多事情。但事实并非如此，我们的大部分生活经历并不要求准确无误地记忆，我们记忆中的错误往往不被觉察，因为这些误差往往不是很大，所以裁判者总是相信证人能够记住，并且认为他记住的应该是对的。二是因为证人所提供的证言通常是内容丰富的，具有逻辑性的，裁判者根据证人所提供的这些信息，能够在脑海中构造关于案件的意向，形成一个比较完整的构思，因此相对于其他的证据种类，裁判者比较依赖证人证言。三是证人证言往往能够给人们留下深刻的印象。正如洛夫特斯（1996）所说的，当一个证人用手指着犯罪嫌疑人说“就是他！”时，给人留下深刻的印象是任何证据所不及的。美国著名的大法官威廉·布伦南（William Brennan）也说过：“没有什么比一个活生生的人站起身来用手指向被告人，并声称‘就是他’更有信服力的了！”[②]

① 参见［美］吉姆·佩特罗、南希·佩特罗：《冤案何以发生：导致冤假错案的八大司法迷信》，苑宁宁、陈效等译，北京大学出版社 2012 年版，第 199 页。

② Watkins v. Sowders, 449 U. S., 352（1981）.

依据心理学工作者的研究,结合司法实践的案例,对于证人证言,裁判者的错误信念主要有以下几种体现。

1. 证人证言是最好的证据

证人证言不但容易得到司法人员的相信,还容易被法官采信为定案的根据。国内学者王佳进行的一项调查研究显示,公、检、法办案人员对于证人证言普遍持“比较相信”的态度。[①] 英国学者就涉及证人证言的审判进行过相关的研究,结果表明,在 16 名证人中只有 1 人认出犯罪嫌疑人或犯罪嫌疑人有不在场的证据,陪审团仍然会作出有罪判决。

2. 目击者很少会出现错误

许多研究显示,人们存在倚重证人证言的倾向,认为记忆是忠实的、可靠的,认为诚实的目击者在绝大多数情况下都能作出准确的陈述。一些办案人员受“眼见为实”思想的影响,认为诚实证人的证言不会有错,从而形成先入为主的观念,轻信证人证言。

3. 越自信的证人越可信

在司法实践中,人们总是倾向于相信自信的证人,认为证人越自信,其所提供的证言就越可信。然而,大多数学者的研究却没有发现两者存在正相关。1982 年,彭罗德(Penrod)、洛夫特斯和温克勒(Winkler)考察了 16 个关于目击证人自信心和准确性之间的相关研究,结果发现两者之间仅有平均为 r =. 23 的相关。1984 年,威尔斯和默里(Murray)对 31 个涉及证人自信心的研究报告进行元分析,结果得出自信心与准确性之间的相关为 r =. 07。

① 参见王佳:《刑事辨认的原理与规制》,北京大学出版社 2011 年版,第 47 页。

4. 询问者的不当行为不至于影响证人证言的可信性

收集证言的过程中，询问者可能会出现一些不当的行为，裁判者对于这些不合规的行为持有一定程度的容忍，其认为询问者的不当行为不至于影响证人证言的可信性。如果因为组织询问过程中询问者的不当行为而排除证人证言，在许多裁判者看来是得不偿失的。

在司法实践中，裁判者对于证人证言的错误信念使得即便在证人证言的收集过程中出现程序错误，存在与证人证言相反的证据，裁判者还是倾向于接受证人证言。

第三节 证人证言可信性的研究对象

证人证言是最常见的证据之一，在整个证据体系中占有重要地位。关于证人证言探讨得最多的是其可信性问题，证人证言可信性既是一个法律问题，也是一个心理学问题。关于对证人证言可信性的探讨集中在证人证言可信性的影响因素、证人证言可信性的评估、证人证言可信性的保障等方面。

一、证人证言可信性的影响因素

证人证言对于司法公正的实现具有重要的作用，法律工作者和心理学工作者对证人证言可信性的影响因素开展了大量的研究。对于伪证的形成、判断、防范，司法实践中具有较为成熟的做法，并且争议不多。关于误证，即愿意如实作证的证人，因为意志之外的原因而提供了错误证言的情况,却存在大量的争议。法律工作者往往会认为只要证人愿意说真话,就能够提供准确的证言。而大量的研究和实践案件却显示,即便是一个诚实的证人也可能提供错误的证言。本书关于证人证言可信性影响因素的探讨集中于误证的影响因素。对导致误证产生的影响因素的研究主要集中在证人证言的形成过程,在这一过程中,既存在与证人主体相关的因素,也存在证人主体之外的因素。

二、证人证言可信性的评估方法

研究证人证言可信性的影响因素是证人证言可信性研究的基础工作。了解人类记忆的缺陷,知晓各类影响证人证言可信性的因素,是有效评估证人证言可信性的基础。法律工作者倾向于相信在司法证明活动中裁判者可以通过自身积累的经验来识别证人证言的可信性,而对于心理学开展的关于证人证言可信性分析的各类方法比较排斥。关于证人证言可信性的评估,一般可以从证人的非言语行为、言语行为和生理指标三个方面开展。目前,非言语行为评估的认可程度最低,本书不作探讨。关于证人证言可信性的言语分析中,比较受关注的方法有陈述有效性评价技术和真实监控。证人证言可信性的言语分析在国外司法领域得到了一定程度的认可。生理指标的检测是目前心理学界和法律界最为关注、最为期待的关于证人证言可信性评估的技术。对证人生理指标的检测主要有两类:一类是基于自主神经系统的心理测试技术,目前使用最多的是多导仪测试;另一类是基于中枢神经系统的心理测试技术,目前最受关注的是事件相关电位检测(ERP)和功能磁共振成像检测（fMRI）。

三、证人证言可信性的保障

在了解了人类记忆的易受污染性、知晓证人证言形成过程中存在的各类影响其可信性的因素后，借助证人可信性的各类评估技术，需采取有效措施保障证人证言可信性。证人证言可信性的保障主要可以从以下几个方面开展：一是规范证人证言的收集。收集程序不规范是导致证人证言发生偏差的常见原因之一，证人证言的收集和呈现都应当标准化、规范化。二是规范证人证言可信性的审查判断。实践中，对于证人证言的审查判断并没有统一的标准，对证人证言可信性做出准确的判断，仅依靠裁判者的知识经验是不够的，需要其他辅助的措施（如制定证人证言可信性指导手册、陪审团指示等）。三是心理学专家证人的引入。心理学工作者对于证人证言开展了大量的研究，得出了许多有价值的结论，心理学专家证人的引入能够助力裁判者作出准确的判断。

本章小结

证人证言对于事实认定既是必不可少的，又存在失实的风险，是法律工作者和心理学工作者共同关注的问题。证人证言基于人类的记忆产生，记忆是心理学研究非常重要的领域，经过上百年的发展，已经形成了比较成熟的关于错误记忆的研究范式、理论假说。因此,对于证人证言的研究,需要运用多学科的方法,特别是心理学的研究方法。本章共分为三节,第一节介绍了记忆的原理与特性,阐述了心理学关于人类错误记忆的研究范式和理论解释。这些内容的阐释可以让人们对记忆的理解更加理性和深刻,认识到人的感知能力、记忆能力和表达能力都是存在缺陷和瑕疵的,而且这些能力会随着情境的变化而波动,在证人证言的形成过程中存在着大量影响证人证言可信性的主客观因素。第二节阐释了人们对于证人证言的错误信念。对于证人记忆的易受污染性,是司法必须给予正视的,这也为公正裁判带来了巨大挑战。实践中,人们存在倚重证人证言的倾向。在诉讼中,这种错误的信念一方面体现在愿意如实提供证言的证人不知道自己所提供的证言已经悄然发生了改变,他们确信是依据自己的感知提供了证言。另一方面体现在司法实践中的裁判者倾向于相信证人提供了准确的证言,尤其是自信的证人,裁判者常常忽视各种影响证人证言可信性的因素而作出错误的判断。更为重要的是,人们往往不知道自己存在这些错误的信念。证人证言的潜在危险性,要求我们清醒地认识到事实真相的盖然性和司法裁判的可错性。第三节介绍了证人证言可信性研究的主要内容,包括证人证言可信性的影响因素、证人证言可信性的评估方法和证人证言可信性的保障等。

第二章

是什么改变了记忆

随着时间的流逝,我们可能会被别人描述的记忆所说服,误把别人的记忆当成自己的记忆。如果实验条件设置正确,想要给别人一些他们从没经历过的事件的记忆会是一件相当简单的事情。在记忆的王国里,回忆的生动并不代表事情真的发生过。

——查尔斯·费尼霍

是什么改变了记忆?这一直是心理学工作者孜孜以求的。皮亚杰(Piaget)在《孩童时期之游戏、梦想与模仿》一书中,提到他亲身经历的一段关于记忆之可塑性的故事①:

如果我记得没错的话,我最初的记忆,应可溯至我两岁的时候。直到我15岁的时候,我仍能清晰地回想起当日的情景。那天保姆推着坐在娃娃车里的我,走在香舍丽榭大道上;却有个男人企图绑架我。一方面,我被绑在娃娃车上;另一方面,我的保姆勇敢地挡在我跟那绑匪之间。她身上多处受伤,连脸上都有伤痕。后

① 参见[美]伊丽莎白·罗芙托斯、凯撒琳·柯西:《辩方证人:一个心理学家的法庭故事》,浩平译,中国政法大学出版社2012年版,第20页。

来人群渐渐聚集,又有个穿着短斗篷、拿着白警棍的警察走过来,所以那人便落荒而逃。那整个场面我都记得,我甚至能指出,那个地点就在车站附近。但在我15岁时,我父母亲接到保姆写来的一封信,上面说她已经皈依,加入了救世军。对于过去的过错,她深感懊悔,尤其当年因为这个事件而获得一只手表作为奖励,现在她也要退还;因为,整个故事都是她编出来的,连脸上的伤痕也是故意弄的。这么说起来,我一定是因为小时候听多了,而且父母亲又深信不疑,才以视觉记忆之形式,将这个事件投射到过去的时光中。

从皮亚杰的故事我们发现:记忆不只会褪色,也会增长。会褪去的,是一开始的观念与该事件真实的经历。而在之后每次回忆事件时,会掺入其他事件后的信息,比如,亲友的描述、同伴的建议、媒体的报道等,从而使所感知的内容发生了变化。

第一节　证人证言可信性影响因素

证人证言的形成过程包括感知、记忆、陈述三个阶段。在这三个阶段中,存在大量影响证人证言可信性的因素。在证人证言可信性的诸多研究中,影响因素的研究最受关注,也最为丰富。影响证人证言可信性的因素主要包括证人因素、事件因素、环境因素、询问者因素、列队因素等。影响证人证言的可信性但司法系统能控制的变量,如提问方式、指导语、列队呈现方式等备受研究者和实践工作者的关注。本节内容选取其中比较有代表性的研究进行阐述。

一、证人因素

1. 感知能力。感知能力即是指人们接收信息、组织信息和识别信息的能力。关于证人的感知能力,一般认为感知能力低的证人容易受到干扰,对事件的细节记忆不准确。此外,个体对细节的关注程度和记忆能力也会影响其感知能力和证言的可信性。关于感知能力对于证言可信性的影响,通常会综合目击者的认知能力、提取能力等进行研究。2017 年,尼西姆(Nissim)等人的研究显示老年人的感知能力下降,他们记忆的准确性和完整性会低于年轻人。①

2. 陈述能力。陈述能力是指证人将感知、记忆的信息用言语或文字的形式表达出来的能力。证人的陈述能力对于有效地传递信息起着至关重要的作用。边沁表示,对于人们理解真实世界来说,语言是一面必不可少但又容易造成扭曲的镜子。一方面,我们依赖语言去建构、分析和传递我们对真实世界的确信;另一方面,语言往往产生误导。② 由于女性往往在语言能力的发展和运用上更早,也更注重细节和情感表达,因此女性在口头和书面表达中更具优势。语言能力也受到个体因素、文化和社会因素的影响,不同文化背景和社会角色、不同成长背景的个体都会显示出陈述能力的差异。

3. 年龄。心理学的研究表明,人在 25 岁之前其记忆能力是不

---

① See Nissim N. R. et al. , *Frontal Structural Neural Correlates of Working Memory Performance in Older Adults*, Frontiers in Aging Neuroscience, Vol. 8:328, p. 1 – 9 (2017).

② 参见[英]威廉·特文宁:《证据理论:边沁与威格摩尔》,吴洪淇、杜国栋译,中国人民大学出版社 2015 年版,第 90 页。

断增强的，而在25岁之后其记忆能力逐渐衰退。很多研究集中于儿童、老年人与成人记忆的比较。1998年，波祖洛（Pozzulo）和林赛认为儿童的记忆对于犯罪嫌疑人的面部特征可能会有一定的限制，因为他们的记忆能力和注意力的发展还未完全成熟，他们比成人更容易受到询问过程中其他因素的干扰，并且他们对细节记忆的能力要弱于成人。① 国内学者刘雁伶等人（2018）探讨了证词自信度和自主探索对5岁儿童的因果推理的影响，结果发现5岁儿童能综合证人证词和自主探索所获的证据推断因果关系，他们受证词影响的程度随着探索获得与证词相矛盾证据数量的增加而降低；5岁儿童能理解和使用证词内容推断因果关系，但还不能使用证词中的社会性暗示。② 2000年，米切尔（Mitchell）、约翰逊和马瑟（Mather）的研究显示，老年人对于信息来源的区分能力更弱，更容易出现提取错误，也更容易受到诱导性提问的影响。③ 2003年，梅蒙（Memon）等人的研究表明，60～80岁的老年人无论是在犯罪嫌疑人在列或是在犯罪嫌疑人不在列的列队中，都作出了更多的错误辨认。④ 2003年，赖特（Wright）和斯特劳德（Stroud）的研究显

---

① See Pozzulo J. D. & Lindsay R. C. L., *Identification Accuracy of Children Versus Adults: a Meta-Analysis*, Law and Human Behavior, Vol. 22, p. 549 – 570 (1998).

② 参见刘雁伶等人：《证词自信度和自主探索综合影响5岁儿童的因果推理》，载《心理学报》2018年第5期。

③ See Mitchell K. J. et al., *Aging and Reflective Processes of Working Memory: Binding and Test Load Deficits*, Psychology & Aging. Vol. 15, p. 527 – 541 (2000).

④ See Memon A. et al., *The Aging Eyewitness: Effects of Age on Face, Delay, and Source-Memory Ability*, Journals of Gerontology: Series B, Gerontological Society of America, Vol. 58:6, p. 338 – 345 (2003).

示，证人在辨认与他年龄相仿的犯罪嫌疑人时，辨认的准确性比较高，并将该现象命名为“亲年龄偏差”（own-age bias）。[1] 该研究结论也得到了罗兹（Rhodes）和阿纳斯塔西（Anastasi）2012 年研究的支持。2009 年，帕克（Park）和普特（Peuter）认为，人的自然老化会改变信息的加工、工作记忆的容量、抑制无关信息、减损长时记忆。也有少数的研究显示，儿童、老年人的记忆并不比成年人差。

4. 性别。1974 年，戈恩（Going）和李德（Read）的研究显示“亲性别效应”（own gender bias）的存在，即目击者辨认同性别者的能力强于辨认异性别者。[2] “亲性别效应”得到了克里斯蒂安森（Christiaansen）、奥恰莱克（Ochalek）和斯威尼（Sweeney）1984 年研究的支持。1978 年，克里弗德（Clifford）的研究发现，在指认暴力犯罪方面，男性证人比女性证人更准确，但在指认非暴力犯罪方面没有性别差异。[3] 1986 年，夏皮罗（Shapiro）和彭罗德的元分析显示，相对于男性，在对犯罪嫌疑人的辨认中女性的准确率和错误率都略高。[4] 1998 年，阿斯图尔（Astur）等人的研究表明，男性与女性针对不同方面的认知能力是不同的，因此，性别对证人

---

① See Wright D. B. & Stroud J. N., *Age Differences in Lineup Identification Accuracy: People are Better with Their Own Age*, Law and Human Behavior, Vol. 26:6, p. 641 – 654 (2003).

② See Going M. & Read J. D., *Effects of Uniqueness, Sex of Subject, and Sex of Photograph on Facial Recognition*, Perceptual and Motor Skills, Vol. 39:1, p. 109 – 110 (1974).

③ See Clifford B. R. & Scott J., *Individual and Situational Factors in Eyewitness Testimony*, Journal of Applied Psychology, Vol. 63:3, p. 352 – 359 (1978).

④ See Penrod S. & Shapiro P., *A Meta-Analysis of Facial Identification Studies*, Psychological Bulletin, Vol. 100, p. 139 – 156 (1986).

证言具有一定的影响。① 2011 年,伊戈尔·阿雷(Igor·Areh)的研究显示,在对感知过的人物的描述上,女性能提供更多准确的信息,在对事件的描述上,男性能提供更多准确的信息,并且男性对自己记忆更为自信,但总体来说女性是更可靠的证人。② 2003 年,威尔斯和奥尔森(Olson)的研究显示,在不同的条件下,男女在对案件的感知上并不存在显著差异。③ 从以上研究可以看出,学者们关于性别对证人证言可信性影响的研究并没有得出一致的结论。

5.压力与唤醒。压力对于记忆与认知的影响是多维的、多样的、复杂的。感知时的压力一般来源于被感知的案件,比如案件的暴力程度比较高、案件有违道德伦理、目击者距离感知事件较近等都会在一定的程度上增加证人的压力感受。压力会改变证人的生理和心理以适应当时的情境。④ 这种改变以自主神经系统中的交感神经的激活为中介,提高目击者的唤醒状态。压力性事件会导致目击者皮质醇的增加,从而减损长时记忆的形成。⑤ 此

---

① See Astur R. S. ,Ortiz M. L. & Sutherland R. J. ,*A Characterization of Performance by Men and Women in a Virtual Morris Water Task:a Large and Reliable Sex Difference*,Behavioural BrainResearch, Vol. 93,p. 185 – 190 (1998).

② See Areh I. ,*Gender-related Differences in Eyewitness Testimony*,Personality and Individual Differences,Vol. 50,p. 559 – 563 (2011).

③ See Wells G. L. & Olson E. ,*Eyewitness Identification*, Annual Review of Psychology, Vol. 54,p. 277 – 295 (2003).

④ See Costanzo L. S. , *Physiology*, Hagerstown, MD: Lippincott Williams & Wilkins, 2007.

⑤ See Newcomer J. W. et al. ,*Decreased Memory Performance in Healthy Humans Induced by Stress-Level Cortisol Treatment*, Archives of General Psychiatry, Vol. 56, p. 527 – 533 (1999).

外，压力还可能导致证人的注意力不集中，影响他们对事件的观察和记忆。2009 年，瓦伦丁（Valentine）和梅索特（Mesout）在一项实验中，让参观者在参观地牢恐怖迷宫时带上心率计，结果发现，那些情绪波动较大的参观者在后续的指认实验中所犯的错误更多。[①] 当然，关于压力对记忆的影响，也存在不同的声音，一些研究人员认为，高压力反而会在一定程度上提高证人的警觉性。

6. 期望。我们的记忆一部分是根据我们当时知觉到的，一部分是基于我们的预期、看法和当前的知识。[②] 期望对人的感知产生影响，比较典型的案例是 1959 年发生在加拿大的一起打猎事故[③]。因两个人都同时将他们的同伴看成是一只鹿，并用枪将其打死。警察到现场进行了勘查，认为在当时的条件下，是能够分辨出人和鹿的。在此案中心理学家作为专家证人受邀上法庭作证，心理学家认为这种情况是可能发生的，因为人的期望影响了他对事物的感知，在某些条件下，人会看到自己所期望看到的。研究者认为人们的期望可以影响他们的感知，并可能导致记忆的失真，也可能影响他们的注意力分配。

7. 偏见。偏见会造成证人感知的片面性。比如在父母看到自己的孩子与其他孩子打架时，更多地会看到别的孩子动手的情况，而自己的孩子多是无奈的、忍让的、受伤的。这就是偏见在起作

---

① See Valentine T. & Mesout J., *Eyewitness Identification under Stress in the London Dungeon*, Applied Cognitive Psychology, Vol. 23, p. 151 – 161 (2009).

② 参见［美］戴维·迈尔斯：《社会心理学》（第 11 版），侯玉波等译，人民邮电出版社 2023 年版，第 554 页。

③ 参见罗大华：《证人证言心理》，群众出版社 1992 年版，第 37 页。

用。有学者就球场上的打架事件做过研究，结果发现，任何一队的支持者都认为更多是对方球队成员违规，并且这些目击者又都信誓旦旦地表示自己所说的是客观事实。[①] 在黑人、白人斗殴的事件中，也常常会由于人们的偏见而产生有偏的证言，比如白人目击者提供的证言往往对于黑人不利。法庭上，法官和陪审团对证人证言可信性的判断也会受到偏见的影响，一个衣着得体、长相诚实的证人，总能得到更好的评价。这些偏见可能是个体的经验、文化、社会背景和认知偏好等因素导致的。

8. 知识经验。人们先前存在的知识经验会影响人的感知。1998 年，克里斯蒂安松（Christianson）、卡尔松（Karlsson）和佩尔松（Persson）的研究发现，警察在回忆犯罪细节方面及在列队中识别犯罪嫌疑人的能力要优于其他人员。[②] 知识经验可以影响证人对事件的解释和推理能力。具有相关知识经验的证人往往能够提供更准确和合理的解释，因为他们可以将事件与其知识储备中的模式和概念联系起来。研究知识经验对证人感知的影响，常会和证人的年龄结合起来，年龄较小的证人由于缺乏相关的知识和经验，他们的证言更容易受到质疑。但有时知识经验对于感知的补缺，也会改变人们的记忆而出现错误。

9. 种族。关于种族问题的证人证言心理学研究，多集中于“亲种族效应”（own race bias）。“亲种族效应”是指证人在辨认与自

---

① See Elizabeth F. Loftus, *Eyewitness Testimony*, Harvard University Press, 1996, p. 40.

② See Christianson S. A., Karlsson I. & Persson L. G. W., *Police Personnel as Eyewitnesses to a Violent Crime*, Legal and Criminological Psychology, Vol. 3:1, p. 59 – 72 (1998).

己同种族的犯罪嫌疑人时，其准确性较高的一种效应。早在1914年，范戈尔德（Feingold）就发现人们辨认同种族个体的能力要强于辨认异种族个体。经过几十年的研究，“亲种族效应”得到了普遍的认可。2001年，迈斯纳（Meissner）和布里格姆（Brigham）开展了的一项元分析，该项研究包含了5000名被试，结果显示“亲种族效应”是显著的。[①] 关于“亲种族效应”的出现较为合理的解释是人们与同种族的人群有更多的交流沟通，因此在辨认时更容易将他们识别出来。沃克（Walker）等人（2008）认为人们对异种族的态度、偏见也会影响目击者的记忆。[②] 2001年，迈斯纳和布里格姆在他们开展的另一项研究中指出，种族的融合会减少“亲种族效应”的存在，不同种族间有效联系的重要性大于仅是联系次数的增加。[③]

10. 态度。证人的态度会影响其对事件发生过程的回忆和描述。如果证人持诚实和合作的态度，愿意提供尽可能多的信息，那么其陈述内容的数量可能更多。相反，如果证人持抵触或不合作的态度，其可能选择性地提供信息或避免提供关键细节，导致陈述内容的数量减少、质量降低。比如，在家庭成员涉案的情况下，证人可能出于保护自己的家庭成员，而对案件的回忆、陈述有所保留。

---

① See Meissner C. A. & Brigham J. C., *Thirty Years of Investigating the Own-Race Bias in Memory for Faces: A Meta-Analytic Review*, Psychology, Public Policy & Law, Vol. 7:1, p. 3 – 35 (2001).

② See Walker P. M. et al., *Social Contact and Other-Race Face Processing in the Human Brain*, Social Cognitive and Affective Neuroscience, Vol. 3, p. 16 – 25 (2008).

③ See Meissner C. A. & Brigham J. C., *A Meta-Analysis of the Verbal Overshadowing Effect in Face Identification*, Applied Cognitive Psychology, Vol. 15:6, p. 603 – 616 (2001).

11. 人格。人的气质、性格等人格因素也会影响证人证言的可信性。1978 年,克里弗德和斯科特(Scott)比较了内外向对证人证言可信性的影响,结果发现两者不存在显著相关。[①] 2001 年,罗伯斯(Roebers)等人进行一项实验发现,并非羞怯的儿童没记住事件,而是有陌生人的情境使他们觉得不舒服,因而他们对记住的事件只作简洁的陈述。人的气质和性格特点也可能影响其情绪体验和情绪表达方式。情绪的影响可能导致证人在陈述中表现出情绪偏见或情绪扭曲,从而影响证言的客观性和可靠性。总的来说,关于人格因素与证人证言可信性的关系,研究较少涉及且没有形成一致的结论。

12. 自信心。裁判者倾向于相信自信的证人,证人的自信心通常被认为是评估证人证言可信性的一个非常重要的指标(Bradfield,Wells & Olson,2002; Brewer & Burke,2002; Douglas & McQuiston-Surrett,2006; Lampinen et al.,2007; Wells & Quinlivan,2009; Wright & Skagerberg,2007; 苏彦捷,孙金鑫,2003)。然而,关于 C – A[②] 关系的大量研究却表明自信心与准确性并无显著的相关或仅存在微弱的相关(Douglas & McQuiston-Surrett,2006; Lampinen et al.,2007; Wells & Quinlivan,2009; 苏彦捷,孙金鑫,2003)。通过近十几年的研究发现,C – A 之间的关系是复杂的,其中一些中介变量(包括目击证人是否作出选择、辨认后的反馈等)会影响 C – A 的关系(Bradfield,Wells & Olson,2002; Quinliv-

① See Clifford B. R. & Scott J., *Individual and Situational Factors in Eyewitness Testimony*, Journal of Applied Psychology, Vol. 63:3, p. 352 – 359(1978).

② C – A 代表自信心与准确性。

an et al. ,2012)。部分研究表明,对于作出积极辨认的目击者,自信心与准确性之间存在显著的相关(Sporer et al,1995;Lindsay,Read & Sharma,1998;Wells et al,1998)。另外,如果存在同案证人之间交换信息的情况,证人的自信心水平会发生变化。证人的自信心水平也会因警方询问证人的方式而变化。当证人得到积极反馈时,他们对自己的证言更自信。

13. 智力。一般认为智力水平较高的人能够更准确地记住事件的关键细节,并能够更好地观察和理解事件的发生情况。2003 年,埃里克森(Ericson)、艾萨克斯(Isaacs)和泰勒(Taylor)通过研究发现,智力水平较高的证人在作证时能够提供更准确和详细的信息。当然,智力高不意味着一个人就诚实、可靠,其他因素,比如动机、性格特征、情绪状态和外界压力等,也会影响证人证言的可信性。

14. 证人的表达风格。经历同一事件的不同的人,其所提供的证人证言也不可能完全相同,造成这一结果有多种原因,其中证人的表达风格就是其一。有的证人在表达时语言简练,相对保守;有的证人说话较为夸张,表达带有主观判断,不能客观地描述事件。因此,法律工作者在对待不同表达风格的证人时,应该区分对待。

二、事件因素

1. 事件类型。在证人证言可信性的研究中,学者们较为关注暴力案件和非暴力案件对证人证言可信性的影响。1978 年,克里弗德和斯科特的研究表明被试对非暴力案件的回忆成绩显著高于对暴力案件的回忆成绩。① 1981 年克里弗德和霍林(Hollin)的研究,1999 年米恩(Milne)和布尔(Bull)的研究支持了克里弗德和霍林的研究。但后续关于暴力对证言可信性影响的研究并没有得出一致的结果。2003 年,瓦格斯塔夫(Wagstaff)等人采用档案分析的方法进行了研究,结果显示暴力程度与目击证人对犯罪嫌疑人特征描述存在微弱的正相关。② 上述研究所选取的被试不同,选择的暴力案件的类型也不同,这可能是研究结果存在差异的原因。抢劫、打斗、性侵等案件的目击者的卷入程度更高,面临着较高的威胁与恐惧,其压力水平也会更高。

2. 武器聚焦。在关于暴力案件的研究中,武器聚焦(weapon focus effect)效应最受关注。武器聚焦效应是指证人在目击某一事件时,由于武器的出现,证人的注意力都集中于武器而减少了对其他信息的注意。1987 年,洛夫特斯、米勒(Miller)和彭斯(Burns)对目击证人进行了眼动研究,结果发现由于武器的出现,证人的注意从其他事物转移到了武器上。③ 1992 年,斯特布莱(Steblay)进行的元分析支持了武器聚焦效应。④ 早期的研究从武

① See Clifford B. R. & Scott J., *Individual and Situational Factors in Eyewitness Testimony*, Journal of Applied Psychology, Vol. 63:3, p. 352 – 359 (1978).

② See Wagstaff G. F. et al., *Can Laboratory Findings on Eyewitness Testimony be Generalized to the Real World? An Archival Analysis of the in Fluence on Violence, Weapon Presence, and Age on Eyewitness Accuracy*, The Journal of Psychology, Vol. 137:1, p. 17 – 28. (2003).

③ See Loftus E. F., Miller D. G. & Burns H. J., *Semantic Integration of Verbal Information into a Visual Memory*, Journal of Experimental Psychology: Human Learning and Memory, Vol. 4:1, p. 19 – 31 (1978).

④ See Steblay M. N., *A Meta-Analytic Review of the Weapon Focus Effect*, Law and Human Behavior, Vol. 16:4, p. 413 – 424 (1992).

器的出现提高证人的唤醒水平并使得证人的注意力集中于武器来解释武器聚焦效应。也有学者对武器聚焦效应作出了不同的解释。例如,1999 年皮切尔(Pichel)认为,当武器的持有者与其职业不匹配时,会引起目击者的注意,从而影响目击者对犯罪嫌疑人的关注。也有少量的研究表明,武器聚焦效应其实并不存在。①

3. 事件复杂程度。心理学的研究表明,人们在完成中等难度的任务时,其成绩最好。证人目击的每个事件的复杂程度必然是不同的。而在证人证言的研究中,鲜有学者进行事件复杂程度的研究。一般认为,当事件包含大量的信息和细节时,过高的负荷可能使证人难以同时处理和记住所有的细节,从而减损其记忆成绩。另外,复杂的事件使证人难以用准确和清晰的语言表达他们的观察和记忆,证人无法找到合适的词语或描述来准确地表达他们所经历的事件,从而导致证言的不准确性。关于事件的复杂程度比较难以量化,研究者往往从感知案件的长短、识记的内容量等方面来综合判断事件的复杂程度。

4. 事件的曝光时间。事件的曝光时间指证人感知事件时间的长短。一般认为事件持续的时间越长,证人的感知越充分,对于事件的记忆也就越准确。在研究中,学者通常通过控制犯罪嫌疑人的曝光时间来考查它对证言可信性的影响。美国联邦最高法院就将感知时间作为评价证人证言可信性的一个重要的指标。2002

① See Wagstaff G. F. et al. ,*Can Laboratory Findings on Eyewitness Testimony be Generalized to the Real World? An Archival Analysis of the Influence of Violence*,*WeaponPresence*,*and Age on Eyewitness Accuracy*,The Journal of Psychology,Vol. 1,p. 17 – 28 (2003).

年，梅蒙等人的研究表明如果增加犯罪嫌疑人面部的曝光时间，目击者的辨认准确性从32%增加到90%。① 国内学者龚小玲也做过类似的研究，研究结果发现曝光时间越长，证人的记忆准确率越高。② 1986年，夏皮罗和彭罗德的研究显示，在犯罪嫌疑人在列的列队中增加曝光时间提高了目击者的辨认准确性，在犯罪嫌疑人不在列的列队中，目击者的辨认错误率也增加了。③ 夏皮罗和彭罗德认为曝光时间越长，无论犯罪嫌疑人是否在列，目击者都倾向于作出辨认，导致在犯罪嫌疑人不在列的情况下，错误率反而增加了。国内学者龚小玲（2007）也进行过类似的研究，发现曝光时间越长，目击者的记忆准确率越高。④ 在实际的案例中，由于事件的持续时间通常都是由证人估计的，而证人对于事件经历时间的估计往往不准确，因而较难判断其对证言准确性的影响。

5. 事件的区别性。1974年，戈恩和李德的研究发现高区别性的脸更容易被记住。⑤ 1991年，瓦伦丁的研究结论支持了戈恩和李德的研究。2007年，尼思（Neath）和布朗（Brown）的研究表明有

---

① See Memon A. et al., *The Aging Eyewitness: Effects of Age on Face, Delay, and Source-Memory Ability*, Journals of Gerontology: Series B, Gerontological Society of America, Vol. 58:6, p. 338 – 345 (2003).

② 参见龚小玲：《目击证人证言的心理学实验研究》，西南大学2007年博士学位论文，第61页。

③ See Shapiro P. & Penrod S., *Meta-Analysis of Facial Identification Studies*, Psychological Bullet, Vol. 100, p. 139 – 156 (1986).

④ 参见龚小玲：《目击证人证言的心理学实验研究》，西南大学2007年博士学位论文。

⑤ See Going M. & Read J. D., *Effects of Uniqueness, Sex of Subject, and Sex of Photograph on Facial Recognition*, Perceptual and Motor Skills, Vol. 39:1, p. 109 – 110 (1974).

区别性的事件更容易被人们记住。[①] 当然,事件的区别性对证人证言可信性的影响也会有个体差异,不同的证人可能对事件的区别性有不同的敏感度和注意力偏好,从而影响他们的记忆和证言。

6. 外表的改变和伪装。犯罪嫌疑人的外表可能发生改变或者故意伪装,这使得辨认时与目击时不同。1986 年,夏皮罗和彭罗德的研究发现,即便是微小的改变,比如戴帽子、戴墨镜,都会影响证人的记忆,从而降低辨认准确性。[②] 在进行辨认时,目击者很大程度上依赖于外部特征,比如发型等。1999 年,霍克利(Hockley)和孔索利(Consoli)提出在辨认时如果列队成员的装扮与证人目击事件时一致,将有助于提高辨认准确率。[③] 因此,组织辨认列队时,依据证人提供的信息,尽量做到犯罪嫌疑人的装扮与目击时相同非常重要。

三、外界因素

1. 光线。光线是证人感知事件的一个重要的条件。事件发生时的光线会影响证人的感知、记忆、提取。一般认为充足的光线可以提供更清晰的视野,证人能够更准确地观察和记住事件的细节。迪纳多(DiNardoh)和雷尼(Rainey)(1989、1991)认为当光线条件较差时会减

---

① See Neath I. & Brown G., *Making Distinctiveness Models of Memory Distinct*, The Foundations of Remembering: Essays in Honor of Herry L. Roediger, Ⅲ, New York, NY: Psychology Press, 2007, p. 125 – 140.

② See Shapiro P. N. & Penrod S., *A Meta-Analysis of Facial Identification Studies*, Psychological Bulletin, Vol. 100:2, p. 139 – 156 (1986).

③ See Hockley W. E. & Consoli A., *Familiarity and Recollection in Item and Associative Recognition*, Memory & Cognition, Vol. 27, p. 657 – 664 (1999).

损证人对于事件的感知，从而影响后续的回忆/再认。[①] 另外，也要注意相同的光线条件、色温和色彩也可能会影响证人对事件中对象或人物颜色的准确感知和描述。例如，暖色光线可能使颜色看起来偏红，而冷色光线可能使颜色看起来偏蓝。

2. 距离与位置。证人目击时的距离、观察角度、方位等因素可能影响证人对事件的观察、记忆和描述。一般认为目击者距离目击对象越近，其感知越清晰，但证人的所处的方位、感知对象的大小、其他的环境条件也会影响证人的记忆。关于距离与位置对证人记忆的影响，研究者通常综合距离、方位、视线、目击对象的大小、感知时的环境等因素开展研究（Foley & Matlin，2015）。

3. 提取距离事件发生的时间。随着时间的推移，人的记忆会随之衰退，证人对事件的记忆也会随之淡化，容易将一些信息与其他事件混淆。早在 1913 年，艾宾浩斯提出的遗忘曲线就很好地说明了这点。一般地，时间间隔越久，证人提供的证言可信性就越低。学者们开展的一系列的研究证实了提取距离事件发生的时间会对证人的记忆产生影响[②③]。但是在现实的案例中，只有部分案件会在案发后马上或时隔不久进行证言的收集，而从案发到报案、

---

① See DiNardo L. & Rainey D., *Recognizing Faces in Bright and Dim Light*, Perceptual & Amp Motor Skills, Vol. 68, p. 836 – 838 (1989); DiNardo L. & Rainey D., *The Effects of Illumination Level and Exposure Time on Facial Recognition*, Psychological Record, Vol. 41, p. 329 – 334 (1991).

② See Malpass R. S. & Devine P. G., *Eyewitness Identification: Lineup Instructions and Absence of the Offender*, Journal of Applied Psychology, Vol. 66: 4, p. 482 – 489 (1981).

③ See Krafka C. & Penrod S., *Reinstatement of Context in a Field Experiment on Eyewitness Identification*, Journal of Personality and Social Psychology, Vol. 49: 1, p. 58 – 69 (1985).

立案、侦查取证需要一个过程，有的案件可能在案发后很久才进入有关部门的视线。时间间隔得越久，相关信息被人遗忘的可能性就越大，并且随着时间的推移，证人的记忆可能会受到其他因素的影响而发生改变。证人可能会根据后续的经历、他人的陈述或其他因素，对事件的记忆进行重建，从而影响证言的准确性。

4. 气候和气温。气候好，能见度高，证人可以有比较清晰的视野；无风无雨，证人的视觉、听觉功能不受阻碍。气温的高低，会影响感知者的触觉。例如，在北方的冬天，用湿手抓金属时，有发黏之感，对初来乍到的南方人，可能误认为金属上有黏液。[①] 气候和气温的变化可能会对证人的体感和情绪产生影响。在极端寒冷的天气中，证人可能会更加关注保暖和身体舒适，而忽略其他事件的细节。

5. 拥挤和嘈杂。在拥挤和嘈杂的环境中，证人的注意力可能会受到影响，各类干扰性因素也可能干扰证人听取关键信息。在证人证言的相关研究中，有学者研究过干扰因素对证人感知的影响，结果显示干扰因素的存在会影响人们感知的数量和质量。但拥挤和嘈杂究竟在多大程度上影响证人对案件的感知，还有待于学者的进一步研究。

6. 提取环境。提取环境是指证人陈述案情或进行辨认时所处的环境。陈述或辨认环境与案件发生时的环境相似，能激活人们的记忆痕迹，以便人们对信息进行提取。在实际案例中，办案人员带着证人去案发现场收集证据，也能给证人提供更多的线索，以便

---

① 参见罗大华：《证人证言心理》，群众出版社 1992 年版，第 22 页。

其更好地回忆。另外,询问时的外部环境舒适、温馨,更容易使被询问者放松,从而能够更好地表达。外部环境不舒适,气氛太过严肃,证人会产生一定的压力,不利于有效收集证言。

四、询问者因素

1. 指导语。收集证人证言时,使用适当的指导语可以帮助证人回忆事件的细节,并提供必要的引导和提示。然而,不当的指导语也可能误导证人,从而收集到不准确或有偏见的证言。国外有许多的学者对辨认时采用的指导语进行过研究。1997 年,斯特布莱对 18 项研究进行了元分析,结果显示呈现"犯罪嫌疑人可能在列也可能不在列"的指导语与没有指导语相比,错误辨认率下降了 42%。[①] 此后,许多学者的研究也都证实了这一现象的存在。基于此,美国司法部采纳该研究建议把指导语作为其对收集目击证据的司法执行指南,要求辨认主持者在进行辨认之前告知目击证人,犯罪嫌疑人可能在列队中也可能不在队列之中。[②]

2. 提问方式。在证人陈述证言时,询问者的提问方式会对证人的陈述产生很大的影响。1974 年,洛夫特斯和帕尔默采用误导信息干扰范式开展研究,在被试目击了一起交通事故的影片后,对于部分被试采用了误导性的提问方式,结果发现,有相当一部分的被试受到了误导信息的影响,洛夫特斯将之称为"事件后信息的误

---

① See Steblay N. M. , *Social Influence in Eyewitness Recall: a Meta-Analitic Review of Lineup Instruction*, Law and Human Behavior, Vol. 21, p. 283 – 298 (1997).

② See Technical Working Group for Eyewitness Evidence, *Eyewitness Evidence: A Guide for Law Enforcement*, U. S. Department of justice, 1999.

导效应”。[1] 提问方式对于证人的误导，得到了许多学者的认可。关于“事件后信息误导效应”的产生，学者们给出了不同的解释。麦克克洛茨基（McCloskey）和萨拉戈萨（Zaragoza）（1985）认为证人感知的信息仍在记忆中，误导信息仅是使得证人混淆了信息的来源。这一解释引起了学者们的广泛关注。1993 年，约翰逊、胡西迪奇和林赛提出的源检测理论要求目击者对信息的来源作出判断——你所陈述的信息是从哪得来的？以此提高目击者的回忆准确性。2002 年，埃克卡宁和麦克沃伊的研究发现采用源检测的测试方式明显提高了被试的回忆准确性。[2] 也有学者对误导信息对证人记忆的影响提出了不同的解释，比如桑德斯（Saunders）和麦克劳德（MacLeod）（2002）认为误导信息抑制了证人的回忆。

3. 询问者的权威性。在收集证人证言的过程中，询问者的权威性也会对证人证言的准确性产生影响。这种影响既可能是积极的，也可能是消极的。一方面，证人认可询问者的权威性和专业知识，可能更倾向于相信其问题和指导，并提供更可靠的证言。另一方面，询问者越是权威，证人也就越容易信任他，包括询问者的各种暗示。同时，询问者的权威性可能会影响证人的压力感受，使证人产生屈从而提供满足询问者期望的陈述。这可能导致证人提供不准确或模糊的信息，从而影响证言的可靠性。

---

① See Loftus E. F. & Palmer J. C. , *Reconstruction of Auto-Mobile Destruction: An Example of the Interaction between Language and Memory*, Journal of Verbal Learning and Verbal Behavior, Vol. 13:5, p. 585 – 589 (1974).

② See Hekkanen S. T. & McEvoy C. , *False Memories and Source-Monitoring Problems: Criterion Differences*, Applied Cognitive Psychology, Vol. 16:11, p. 73 – 85 (2002).

4. 询问者的态度。在收集证人证言的过程中，态度往往是一个比较容易被询问人员忽略的问题。一般情况下，收集证言都是由公安司法人员进行。在实际的办案过程中，询问者表现出公正、中立和支持的态度，有助于证人提供真实和准确的证言。询问者若表现出友好、耐心和尊重的态度，证人可能更倾向于提供详细和准确的陈述。相反，如果询问者表现出偏见、压力或威胁的态度，证人可能会感到不安或不信任，导致陈述内容的可靠性降低。心理学的研究表明，询问者态度友善，与被询问者建立良好的合作关系，更容易获得被询问者的信任，从而获得有效的信息。

5. 反馈。关于反馈对证言的影响一直是学者们关注的一个热点问题，反馈可以分为正反馈（对证人的回答表示认可）和负反馈（对证人的回答表示否认）两种。关于反馈对证人证言自信心的影响，学者们得出的结论较为一致，即正反馈会增强被试的自信心，负反馈会减弱被试的自信心。1998 年威尔斯和布拉德菲尔德以成年人为被试开展的研究[①]，2004 年哈夫斯塔德（Hafstad）、梅蒙和洛吉（Logie）以儿童为被试开展的研究[②]，都发现肯定的反馈会显著增加证人的自信心，否定的反馈会显著减损证人的

① See Wells G. L. & Bradfield A. L., "*Good, You Identified the Suspect*": *Feedback to Eyewitnesses Distorts Their Reports of the Witnessing Experience*, Journal of Applied Psychology, Vol. 83:3, p. 360 – 376 (1998).

② See Hafstad G. S., Memon A. & Logie R., *Post-Identification Feedback, Confidence an-dRecollections of Witnessing Conditions in Child Witnesses*, Applied Cognitive Psychology, Vol. 18, p. 901 – 912 (2004).

自信心。国内学者莫然和刘婷(2016)的研究显示,在我国的司法实践中,辨认过程中主持人的暗示行为普遍存在,对辨认准确性有显著影响。[①] 在司法过程中,即便询问人员没有直接给予证人反馈,他们的言行举止也可能会无意透露对陈述结果的判断,这同样也会影响证人的自信心。实践中,裁判者倾向于相信自信的证人,而证人的自信心又容易受到各种因素的影响而发生改变。为此,心理学工作者提出了"双盲程序",即在收集证言的时候,询问者和被询问者都不知道谁是犯罪嫌疑人,这样就可以避免询问者的反馈对被询问者产生影响。另外,因证人的自信心容易受到各种因素的影响而发生改变,故在辨认的同时让证人及时作出自信心的判断,能在一定程度上收集较为真实的证人自信心水平。

五、列队因素

1. 列队内容(lineup content)。列队内容指的是列队的组成人员。在司法实践中,一般存在两种列队方式,一是单人列队,即由一个人组成的列队,这种列队方式被认为存在很大的暗示性,实践中不常采用;二是多人列队,即由多个人组成的列队,采用多人列队旨在保护无辜者,这种列队方式在实践中较常采用。多人列队面临如何选取陪衬者的问题。实践中,陪衬者的选取有两种策略:一是匹配犯罪嫌疑人策略(fit-to-suspect strategy),即选择的陪衬者与犯罪嫌疑人相符;二是匹配目击者描述策略

---

① 参见莫然、刘婷:《实证视角下我国目击辨认程序中的暗示行为及其规制》,载《中国人民公安大学学报(社会科学版)》2016 年第 3 期。

(fit-to-description strategy),即选择的陪衬者与目击证人对罪犯的描述相符。1991 年,卢丝(Luus)和威尔斯建议在列队辨认时采用匹配目击者描述策略,他们认为这样可以更好地保护无辜的嫌疑人,也更有利于辨认出犯罪嫌疑人。① 1992 年,纳冯(Navon)、凯利(Kelly)和约翰斯顿(Johnston)的研究显示采用匹配犯罪嫌疑人策略,会增加错误辨认的可能性。② 1993 年,威尔斯的研究显示,在犯罪嫌疑人在列的情况下,采用匹配犯罪嫌疑人策略,其辨认准确性显著高于采用匹配目击者描述策略,在犯罪嫌疑人不在列时,两者没有显著差异。③ 焦斯林(Juslin)、奥尔森(Olsson)和温曼(Winman)(1996),林赛、马丁(Martin)和韦伯(Webber)(1994)的研究支持了威尔斯(1993)的研究。也有部分研究对比匹配犯罪嫌疑人策略和匹配目击者描述策略,结果发现采用不同的匹配策略,辨认的准确性没有显著差异(Tunnicliff & Clark,2000; Darling,Valentine & Memon,2008)。关于列队内容研究并没有得出一致的结论,实践中,对陪衬者的选择、相似度的把握等也没有形成统一的标准。

2. 犯罪嫌疑人是否在列。组织列队辨认时,有犯罪嫌疑人在列和犯罪嫌疑人不在列两种情况。1993 年,威尔斯的一项研究表

---

① Luus C. A. E. & Wells G. L., *The Malleability of Eyewitness Confidence: Co-Witness and Perseverance Effects*, Journal of Applied Psychology, Vol. 79:5, p. 714 – 723 (1994).

② See Ronie Navon, Paul W. Kelly & David W. Johnston, *Identification of Human Barriers to the Successful Implementation of Construction Automation*, The 9th International Symposium on Automation and Robotics in Construction, 1992.

③ See Wells G. L., *What do We Know About Eyewitness Identification?* American Psychologist, Vol. 48:5, p. 553 – 571 (1993).

明,在犯罪嫌疑人在列的情况下,54%的证人作出了正确的选择,而在犯罪嫌疑人不在列的情况下,只有32%的证人作出了正确的选择。[①] 1984年,威尔斯根据研究提出一个在犯罪嫌疑人不在列的情况下作出错误选择的证人,在犯罪嫌疑人在列的情况下,可能能够作出正确的选择。[②] 在辨认前告知证人,犯罪嫌疑人可能在列也可能不在列,可以避免目击者在不确定的情况下作出选择。

3.列队呈现方式。多人列队的呈现方式一般分为同时列队呈现和顺序列队呈现两种。司法实践中组织辨认时多采用同时列队呈现的方式。1984年,威尔斯提出“相对判断”(relative judgment)这一概念来解释不同列队呈现方式对证人证言可信性的影响,其认为在同时列队呈现的情况下,人们容易对各列队成员进行比较,而不是将各个列队成员与自己记忆中的犯罪嫌疑人进行比较,在列队中总有一些列队成员更符合证人的回忆,因此相对判断更容易出现错误。[③] 1985年,林赛和威尔斯对同时列队呈现和顺序列队呈现进行了比较研究,发现在犯罪嫌疑人不在列的情况下,采用顺序列队呈现的方式能够提高证言的准确性。[④] 2001年,斯特布

---

① See Wells G. L., *What do We Know about Eyewitness Identification?* American Psychologist, Vol. 48:5, p. 553 – 571 (1993).

② See Wells G. L., *The Psychology of Lineup Identifications*, Journal of Applied Social Psychology, Vol. 14:2, p. 89 – 103 (1984).

③ See Wells G. L., *The Psychology of Lineup Identifications*, Journal of Applied Social Psychology, Vol. 14:2, p. 89 – 103 (1984).

④ See Lindsay R. C. L. & Wells G. L., *Improving Eyewitness Identifications from Lineups: Simultaneous versus Sequential Lineup Presentation*, Journal of Applied Psychology, Vol. 70:3, p. 556 – 564 (1985).

莱等人采用元分析方法对涉及同时列队和顺序列队的研究进行了分析，结果发现在犯罪嫌疑人在列的情况下，同时列队的辨认准确率（50%）高于顺序列队的辨认准确率（35%），在犯罪嫌疑人不在列的情况下，同时列队的辨认错误率（51%）高于顺序列队的辨认错误率（28%）。[①] 研究者解释，在犯罪嫌疑人不在列的情况下，相对判断是目击者主要采用的策略，因此采用同时呈现的方式，辨认错误率更高，采用顺序呈现的方式可以减少辨认的错误率。如果警方组织的列队有偏，则采用顺序列队呈现有利于保护无辜的犯罪嫌疑人。国内学者周庆（2013）也对同列列队呈现或顺序列队呈现进行了比较，结果发现不同的列队呈现方式下被试的辨认准确率并没有显著差异。他认为不同呈现方式的差异效应并不显著，可能与呈现时间等相关。[②] 国内学者何彦飞（2021）在研究中发现，辨认之前强调“罪犯可能在也可能不在这些照片中”，避免辨认前的指导语导致辨认准确性出现差异，最终表现为目击者在同时呈现队列条件下和顺序呈现队列条件下的准确性差异很小。[③]

此外，在证人目击事件之后，还存在其他可能影响证言准确性的信息，比如证人是否受到媒体关于案件报道的影响，是否受到其

---

① See Steblay N. M. et al., *Eyewitness Accuracy Rates in Sequential and Simultaneous Lineup Presentations: a Meta-Analytic Comparison*, Law and Human Behavior, Vol. 25:5, p. 459 – 474 (2001).

② 参见周庆：《呈现方式与陪衬人数对目击者照片辨认准确性的影响》，载《福建警察学院学报》2013 年第 3 期。

③ 参见何彦飞：《队列呈现方式与认知风格对目击者辨认准确性的影响》，西北师范大学 2021 年硕士学位论文。

他同案证人的影响。大多数的案件存在多个证人，而在相当一部分案件中，证人之间可能相互讨论过案件的信息，这也会影响证人证言的准确性[①]。2006 年，帕特森（Paterson）和肯普（Kemp）的研究显示，证人之间相互交流案件信息会影响证人的记忆。[②] 如果案件中的某一证人接受了误导信息，并与其他证人进行了交流，那么其他证人的记忆很可能会受到污染。因此，组织询问证人之前，避免同案证人接触、交流是必要的。

在证人证言的形成过程中，存在大量影响证人证言可信性的因素，在本书的探讨中，我们不可能穷尽所有因素。在本章中，我们所列举的因素，是在实践中较常提及的因素，期望通过本章的梳理，为实践工作者和后续学者的研究提供助益。

六、什么是可靠的足以作证的因素

心理学关于证人证言可信性因素的研究纷繁复杂，良莠不齐。有相当一部分的研究甚至在心理学界内部都没有形成比较一致的看法。这严重阻碍了法律工作者对于心理学研究的理解与接受，也拖延了心理学研究涉足法律领域的进程。那么，就证人证言可信性的众多影响因素中，心理学工作者关于哪些因素的研究已经是可靠的足以作证的因素？2001 年，卡辛等人以记忆研究领域的专家为被

---

① See James M. L. ,Jeffrey S. N. & Andrew D. C. ,*the Psychology of Eyewitness Identification*,Taylor & Francis Group,2011,p. 123.

② See Paterson H. M. & Kemp R. I. ,*Comparing Methods of Encountering Post-Event Information*:*The Power of Co-Witness Suggestion*, Applied Cognitive Psychology, Vol. 20: 8, p. 1083 – 1099 (2006).

试,进行了证人证言可信性影响因素的调查。[①] 问卷共30题,每一题都包括3个问题,第一个问题:您认为这一陈述是真实的吗？第二个问题:您是否愿意就这一陈述出庭作证？第三个问题:您认为该陈述目前的研究基础可靠吗？在30个因素中,其中15个因素,64名报告的专家中有80%以上的专家认为是真实的,详见表2-1。

表2-1 证人证言可信性影响因素

影响因素	可靠性(%)	作证意愿(%)	研究基础(%)
1. 提问的用语:目击证人关于事件的证言,可能会受到向他们提问时使用的词语的影响	98	84	97
2. 列队辨认指导语:警察的指导语能够影响证人进行辨认的意愿,也会影响证人辨认某个人的可能性	98	79	95
3. 自信心的减损:证人的自信心会受到与证言准确性无关因素的影响	95	79	95
4. 犯罪嫌疑人面部照片引起的偏差:证人在列队辨认前见过犯罪嫌疑人面部照片的,在此后的列队辨认中更可能将此人辨认出来	95	77	97
5. 事件后信息:证人对事件的记忆会受到感知事件后他所接触到的信息的影响	94	83	98
6. 儿童的受暗示性:相比较成人,儿童更容易受询问者、同伴及其他社会因素的影响	94	81	100
7. 态度和期望:证人对事件的感知与记忆会受到他的态度与期望的影响	92	70	94

① Kassin S. M. et al., *On the 'General Acceptance' of Eyewitness Testimony Research: a New Survey of the Experts*, American Psychologist, Vol. 56:5, p. 405-416 (2001).

续表

影响因素	可靠性（%）	作证意愿（%）	研究基础（%）
8. 催眠的暗示性：催眠会增加证人对诱导或误导性问题的暗示性	91	76	90
9. 醉酒：醉酒会减损证人回忆人物或事件的能力	90	61	76
10. 跨种族偏见：证人辨认同种族的人的能力强于辨认异种族者	90	72	97
11. 武器聚焦：证人在目击事件时，假如有武器出现，会减损日后证人对犯罪嫌疑人辨认的准确性	87	77	97
12. 准确性和自信心的关系：证人的自信心并不是他们辨认准确性的一种很好的预测因素	87	73	97
13. 遗忘曲线：在感知事件后，遗忘立即开始，并且最初遗忘速度较快，以后逐渐缓慢	83	73	93
14. 曝光时间：证人对事件的感知时间越短，对事件的记忆越少	81	68	93
15. 呈现方式：相比较顺序呈现（列队成员一个一个呈现），同时呈现（列队成员同时呈现）时，证人更容易出现错误辨认	81	64	93
16. 无意识迁移：证人有时候会把他在其他地方看到的人误认为是犯罪嫌疑人	81	66	92

卡辛等人的研究得到了后续许多研究的支持。近些年，在关于证人证言可信性影响因素的研究中，也有不少学者以卡辛等人的研究结论作为判断被试作答准确性的标准。莱珀（1995）观察到："在信度方面，一些证人研究结果的得分是很高的。这些研究结果是可以重复的，很少报告相反的研究结果（而不是简单地没有报告研究结果），研究有很高的内在效度，研究的环境和方法很接

近实际生活，与一些目击情境很相似。可以说，有很高的信度和效度。”①因此，在心理学关于证人证言可信性的研究中，有相当一部分研究是比较成熟的，是有一定的现实参考价值的，可以帮助法律工作者就证人证言可信性作出准确的评估。

第二节　证人证言可信性影响因素的实证研究

证人证言对于发现真相、查明案件事实发挥着重要的作用。但是大量的研究显示错误的证人证言是错判的主要原因之一。根据无辜者拯救工程的统计，在美国 375 例错判案件中有 69% 的错判案件涉及目击证人的错误辨认。大量关于证人证言的实验室研究、现场研究和档案研究都显示证人证言存在一定的错误率。目前，已有大量的研究致力于寻找影响证人证言可信性的因素。例如，洛夫特斯等人自 20 世纪 70 年代就开始关注事件后信息和提问方式对记忆的影响；威尔斯等人对证人自信心与准确性开展了长期研究，发现目击者的自信心是非常脆弱的，自信心并不是证言准确性的有效指标；2004 年德芬巴赫（Deffenbacher）等人的研究发现，人处于高度压力状态会减损他们的记忆；②Fawcett 等人 2011 年的研究发现，武器的出现会吸引目击者的注意而分散他们对于犯罪嫌疑人

① ［美］Lawrence S. Wrightsman：《司法心理学》，吴宗宪、林遐等译，中国轻工业出版社 2004 年版，第 137 页。

② See Deffenbacher K. A. et al. , *A Meta-Analytic Review of the Effects of High Stress on Eyewitness Memory*, Law and Human Behavior, Vol. 28, p. 687 – 706 (2004).

的关注,从而影响证人证言的准确性;[①]2019 年林文波、施特鲁贝(Strube)和罗迪格的研究表明重复辨认会影响辨认准确性。[②]

然而,法律工作者并不能很好地理解影响证人证言可信性的因素。例如:2004 年怀斯(Wise)和塞弗(Safer)的研究显示,司法人员对于证人证言准确性影响因素的理解是非常有限的,并且他们对于一些与证言可信性相关的重要问题(比如,自信心与准确性的关系)的看法并不一致。[③] 2008 年马格努森(Magnussen)等人的研究发现,司法人员关于证人证言可信性的知识并不像人们所认为的那样多。[④] 在许多国家,比如在美国的司法体系中,法官会告知陪审团哪些因素可能会影响证人证言的可信性。

进一步来说,由于法学专业的学生很有可能会进入司法系统,因此也有研究者调查了法学专业学生关于证人证言可信性影响因素的知识。比如,2010 年怀斯和塞弗对比了司法人员、法学专业本科生和其他专业本科生有关证人证言可信性影响因素的知识,结果发现,法学专业本科生关于证人证言可信性影响因素的知识多于其他两类群体。另外,心理学专业的学生,也可能作为心理学专家证人在法

---

① See Fawcett J. M. et al., *Of Guns and Geese: A Meta-Analytic Review of the 'Weapon Focus' Literature*, Psychology, Crime & Law, Vol. 19, p. 35 – 66(2011).

② See Lin W., Strube M. J. & Roediger H. L. III, *The Effects of Repeated Lineups and Delay on Eyewitness Identification: Publisher Correction*, Cognitive Research: Principles and Implications, Vol. 4, Article number: 16 (2019).

③ See Wise R. A. & Safer M. A., *What US Judges Know and Believe about Eyewitness Testimony*. Applied Cognitive Psychology, Vol. 18, p. 427 – 443 (2004).

④ See Magnussen S. et al., *What Judges Know about Eyewitness Testimony: A Comparison of Norwegian and US Judges*, Psychology Crime & Law, Vol. 14, p. 77 – 188 (2008).

庭上陈述有关证人证言可信性的观点。因此,了解以上群体关于证人证言可信性影响因素的知识是重要的。本研究将对比公安、法学专业本科生和心理学专业本科生关于证人证言可信性知识的差异。

一、方法

(一)参与者

在浙江等地选取了公安100人(75名男性,25名女性),年龄从23到60岁(平均年龄36.9岁,标准差3.8),其中办案经验在10年以上的有52人。某高校选取了160名学生参与调查,其中116人(42名男性,74名女性)为法学专业本科生,年龄从18到24岁(平均年龄20.5岁,标准差1.2),44人(10名男性,34名女性)为心理学专业本科生,年龄从20到24岁(平均年龄21.0岁,标准差1.2)。

(二)问卷

针对公安的问卷包括12个证人证言可信性的相关陈述和3个基本人口学问题(性别、年龄、先前经历)。在本研究中,先前经历指的是有多少年的办案经验。针对学生的问卷共16个问题,其中包括12个关于证人证言可信性的陈述和4个关于法律工作者(法官、检察官、公安和律师)是否具有证人证言可信性影响因素的相关知识的信念问题,以及3个基本人口学问题(性别、年龄、专业)。关于证人证言可信性的陈述中的前9个(第1~9项)来自卡辛等人(2001)的研究[①],2个(第10~11项)来自

① See Kassin S. M. et al., *On the 'General Acceptance' of Eyewitness Research*, A Study of Experts, American Psychology, Vol. 56, p. 405 – 16 (2001).

怀斯和塞弗(2004)的研究[①],1 个(第 12 项)来自德芬巴赫等人(2004)的研究。[②] 这些项目之所以被选择是基于它们对于证人证言可信性的潜在影响以及在中国司法实践中的重要作用。问卷采用了 4 点量表,从 1(非常不同意)到 4(非常同意)。详见表 2 - 2。

表 2 - 2 证人证言可信性影响因素及人们的信念

项目	陈述
1. 武器聚焦*	证人在目击事件时,假如有武器出现,会影响日后证人对犯罪嫌疑人的辨认
2. 感知时间*	证人对事件的感知时间越短,他对事件的记忆越少
3. 遗忘曲线*	在感知事件后,遗忘立即开始,并且最初遗忘速度较快,以后逐渐缓慢
4. 自信心与准确性*	证人越自信并不代表他所作出的辨认越准确
5. 无意识迁移*	证人有时候会把他在其他地方看到的人误认为是犯罪嫌疑人
6. 态度与期望*	证人对事件的感知与记忆会受到他的态度与期望的影响
7. 儿童证言的准确性	相比较成人,儿童提供的证言更不准确
8. 儿童的受暗示性*	相比较成人,儿童更容易受询问者、同伴及其他社会因素的影响
9. 组织辨认列队*	在进行列队辨认时,知道列队中或照片列队中哪一个成员是犯罪嫌疑人的警察,不宜组织操纵列队辨认或照片列队辨认程序

① See Wise R. A. & Safer M. A., *What US Judges Know and Believe about Eyewitness Testimony*, Applied Cognitive Psychology, Vol. 18, p. 427 - 443 (2004).

② See Deffenbacher K. A. et al., *A Meta-Analytic Review of the Effects of High Stress on Eyewitness Memory*, Law and Human Behavior, Vol. 28, p. 687 - 706 (2004).

续表

项目	陈述
10. 事件后信息的影响	证人对事件的记忆会受到感知事件后他所接触到的信息的影响，比如来自其他证人、警察、媒体等信息的影响
11. 列队呈现方式*	相比较顺序呈现(列队成员一个一个呈现)，同时呈现(列队成员同时呈现)时，证人更容易出现错误辨认
12. 压力*	在感知案件时，证人的高度压力感会减损证言的准确性
13. 法官的知识	法官知道大多数影响证人证言可信性的因素
14. 检察官的知识	检察官知道大多数影响证人证言可信性的因素
15. 公安的知识	公安知道大多数影响证人证言可信性的因素
16. 律师的知识	律师知道大多数影响证人证言可信性的因素

二、结果

1. 正确率

基于卡辛等人(2001)和其他学者的研究结论①②③④，我们在表2－2中将正确的陈述用＊标注出来。如表2－3所示，公安的正

① See Deffenbacher K. A. et al., *A Meta-Analytic Review of the Effects of High Stress on Eyewitness Memory*, Law and Human Behavior, Vol. 28, p. 687－706 (2004).

② See Wise R. A. et al., *A Comparison of Chinese Judges' and US Judges' Knowledge and Beliefs about Eyewitness Testimony*, Psychology Crime & Law, Vol. 16, p. 695－713 (2010).

③ See Steblay N., Dysart J. & Fulero S., *Eyewitness Accuracy Rates in Polices How-up and Line Up Presentations: a Meta-Analytic Comparison*, Law and Human Behavior, Vol. 27, p. 523－540 (2003).

④ See Wells G. L. et al., *Eyewitness Identifications Procedures: Recommendations for Lineups and Photo Spreads*, Law and Human Behavior, Vol. 22, p. 603－647 (1998).

确率从46%到76%(平均正确率56%),法学专业本科生的正确率从54%到96%(平均正确率79%),心理学专业本科生的正确率从52%到96%(平均正确率85%)。我们也评估了学生对于法律工作者(法官、检察官、公安、律师)是否具备证人证言可信性影响因素知识的信念,结果法学专业本科生的正确率从29%到33%,心理学专业本科生的正确率从27%到41%,也就是说大多数的法学专业学生和心理学专业学生都认为法律工作者具有判断证人证言可信性影响因素的相关知识。

表2-3　公安、法学专业本科生、心理学专业本科生的回答正确率

项目	公安	法学专业本科生	心理学专业本科生
1. 武器聚焦	75%	72%	75%
2. 感知时间	50%	54%	80%
3. 遗忘曲线	76%	79%	91%
4. 自信心与准确性	54%	96%	96%
5. 无意识迁移	62%	85%	91%
6. 态度与期望	60%	90%	93%
7. 儿童证言的准确性	51%	81%	52%
8. 儿童的受暗示性	75%	72%	86%
9. 组织辨认列队	52%	88%	89%
10. 事件后信息的影响	62%	94%	96%
11. 列队呈现方式	46%	57%	75%
12. 压力	57%	76%	91%
13. 法官的知识	-	33%	41%

续表

项目	公安	法学专业本科生	心理学专业本科生
14. 检察官的知识	–	29%	34%
15. 公安的知识	–	33%	34%
16. 律师的知识	–	31%	27%

2. 同组被试比较

我们根据本顿(Benton)等人(2006)的研究①,以 75% 作为同组被试反应是否一致的标准。结果显示,公安在 3 个项目上表现出一致性。具体来说,75% 的公安对于项目 1“武器聚焦”的看法一致,76% 的公安对于项目 3“遗忘曲线”的看法一致,75% 的公安对于项目 8“儿童的受暗示性”的看法一致。法学专业本科生在 8 个项目上表现出一致性,具体来说,79% 的法学专业本科生对于项目 3“遗忘曲线”的看法一致,96% 的法学专业本科生对于项目 4“自信心与准确性”关系的看法一致,85% 的法学专业本科生对于项目 5“无意识迁移”的看法一致,90% 的法学专业本科生对于项目 6“态度与期望”的看法一致,81% 的法学专业本科生对于项目 7“儿童证言的准确性”看法一致,88% 的法学专业本科生对于项目 9“组织辨认列队”的看法一致,94% 的法学专业本科生对于项目 11“事件后信息的影响”的看法一致,76% 的法学专业本科生对于项目 12“压力”影响的看法一致。心理学专业本科生在 12 个项目

① See Benton T. R. et al. , *Eyewitness Memory is Still notCommonsense*: *Comparing Jurors*, *Judges*, *and Law Enforcement to Eyewitness Experts*, Applied Cognitive Psychology, Vol. 20, p. 1115 – 1129 (2006).

上表现出一致性，具体来说，75%的心理学专业本科生对于项目1“武器聚焦”的看法一致，80%的心理学专业本科生对于项目2“感知时间”的看法一致，91%的心理学专业本科生对于项目3“遗忘曲线”的看法一致，96%的心理学专业本科生对于项目4“自信心与准确性”关系的看法一致，91%的心理学专业本科生对于项目5“无意识迁移”的看法一致，93%的心理学专业本科生对于项目6“态度与期望”的看法一致，86%的心理学专业本科生对于项目8“儿童的受暗示性”的看法一致，89%的心理学专业本科生对于项目9“组织辨认列队”看法一致，96%的心理学专业本科生对于项目10“事件后信息的影响”的看法一致，75%的心理学专业本科生对于项目11“列队呈现方式”的看法一致，91%的心理学专业本科生对于项目12“压力”影响的看法一致。

3. 不同组被试的比较

不同组的被试之间进行了平均数差异的检验，结果显示除了项目1，不同组被试在其他11个项目上均存在显著差异。具体来说，对于项目2“感知时间”，心理学专业本科生的得分（平均分2.89，标准差.62）和法学专业本科生的得分（平均分2.66，标准差.76）显著高于公安的得分（平均分2.45，标准差.81）。对于项目3“遗忘曲线”，心理学专业本科生的得分（平均分3.32，标准差.64）显著高于法学专业本科生的得分（平均分3.06，标准差.71）和公安的得分（平均分3.01，标准差.69）。对于项目4“自信心与准确性”，心理学专业本科生的得分（平均分3.27，标准差.54）和法学专业本科生的得分（平均分3.37，标准差.57）显著高于公安的得分（平均分2.27，标准差.89）。对于项目5“无意识迁移”，心理学专业本科生的得分(平均分3.31,标准差.54)和法学专业本科生的得分(平均分3.00,标准差.63)显著高于公安的得分(平均分2.67,标准差.96)。对于项目6“态度与期望”,心理学专业本科生的得分(平均分3.20,标准差.55)和法学专业本科生的得分(平均分3.19,标准差.62)显著高于公安的得分(平均分2.92,标准差.75)。对于项目7“儿童证言的准确性”,法学专业本科生的得分(平均分2.57,标准差.79)显著高于心理学专业本科生的得分(平均分2.09,标准差.63)和公安的得分(平均分2.07,标准差.64)。对于项目8“儿童的受暗示性”,心理学专业本科生的得分(平均分3.43,标准差.73)显著高于法学专业本科生的得分(平均分2.91,标准差.73)和公安的得分(平均分2.92,标准差.84)。对于项目9“组织辨认列队”,心理学专业本科生的得分(平均分3.23,标准差.64)和法学专业本科生的得分(平均分3.11,标准差.67)显著高于公安的得分(平均分2.54,标准差.81)。对于项目10“事件后信息的影响”,心理学专业本科生的得分(平均分3.34,标准差.57)和法学专业本科生的得分(平均分3.22,标准差.57)显著高于公安的得分(平均分2.73,标准差.92)。对于项目11“列队呈现方式”,心理学专业本科生的得分(平均分3.05,标准差.75)显著高于法学专业本科生的得分(平均分2.68,标准差.74),法学专业本科生的得分(平均分2.68,标准差.74)显著高于公安的得分(平均分2.30,标准差.80)。对于项目12“压力”,心理学专业本科生的得分(平均分3.36,标准差.65)显著高于法学专业本科生的得分(平均分2.93,标准差.64),法学专业本科生的得分(平均分2.93,标准差.64)显著高于公安的得分(平均分2.62,标准差.76)。

最后，法学专业本科生和心理学专业本科生被要求回答法律工作者（法官、检察官、公安、律师）是否熟悉影响证人证言可信性的因素。有67%的法学专业本科生认为法官熟悉影响证人证言可信性的因素，71%的法学专业本科生认为检察官熟悉影响证人证言可信性的因素，67%的法学专业本科生认为公安熟悉影响证人证言可信性的因素，69%的法学专业本科生认为律师熟悉影响证人证言可信性的因素。有59%的心理学专业本科生认为法官熟悉影响证人证言可信性的因素，66%的心理学专业本科生认为检察官熟悉影响证人证言可信性的因素，66%的心理学专业本科生认为公安熟悉影响证人证言可信性的因素，73%的心理学专业本科生认为律师熟悉影响证人证言可信性的因素。我们对比了法学专业本科生和心理学专业本科生在对于法律工作者是否熟悉影响证人证言可信性因素的信念上的差异，结果发现两者不存在显著差别。

三、讨论

本研究探讨了公安、法学专业本科生和心理学专业本科生关于证人证言可信性的知识。相较于公安，法学专业本科生和心理学专业本科生了解更多影响证人证言可信性的因素，并且法学专业本科生和心理学专业本科生对大多数项目判断的一致性要显著高于公安。这可能是因为近几年不同学科的发展不断融合，交叉法学的研究日益增多。法学专业本科生和心理学专业本科生在学校期间已经接受了关于记忆有限性的教育。比如，部分大学为法学专业本科生和心理学专业本科生开设刑事辨认、记忆心理学等课程,这使法学专业本科生和心理学专业本科生对记忆的理解比公安要深刻。尽管侦查辨认是公安院校侦查学专业本科教学中的必修内容之一,但大部分的教材没有涉及记忆工作的原理及证人证言可信性影响因素等内容的深入分析。另外,近些年,认知神经科学等对于记忆的最新研究也大多没有体现在公安院校侦查学专业的教材与教学中。在继续教育方面,也较少开展证人证言可信性的常规培训。总的来说,公安在证人证言可信性方面接受教育的深度和广度都有待进一步提升。

此外,研究发现对于一些证人证言可信性的影响因素,法学专业本科生和心理学专业本科生也缺乏相应的知识,比如,研究结果显示大多数法学专业本科生并不了解感知时间和列队呈现方式对证人证言可信性的影响,心理学专业本科生并不了解年龄对于证人证言可信性的影响。因此,针对法学专业本科生和心理学专业本科生增加有关记忆心理学相关课程,以提高他们对证人证言的理解是必要的。再者,研究显示在 4 个项目(项目 3 遗忘曲线,项目 8 儿童的受暗示性,项目 11 列队呈现方式,项目 12 压力)上,心理学专业本科生的得分显著高于法学专业本科生的得分。这可能是因为心理学专业本科生接受了更多记忆相关课程的教育,比如,认知心理学、发展心理学等,这些加深了他们对证人记忆的理解。这从一个侧面说明法学专业开设相关课程讲授人类记忆局限性等内容是必要的。

最后,研究结论显示大多数法学专业本科生和心理学专业本科生都认为法律工作者(法官、检察官、公安和律师)熟悉影响证人证言可信性的因素,这表明法学专业本科生和心理学专业本科生存在高估法律工作者关于证人证言可信性相关知识的倾向。

本章小结

证人证言的形成过程中,存在大量影响证人证言可信性的主客观因素,关于证人证言可信性影响因素的研究一直为国内外学者所热衷。本章共分为两节,第一节从证人因素、事件因素、环境因素、询问者因素、列队因素等方面梳理探讨各类因素对证人证言可信性的影响。关于证人证言可信性影响因素的研究成果虽然丰富,但在很多因素上,研究并没有得出一致的结论。在众多影响因素中,影响证人证言的可信性但司法系统能控制的变量,比如,提问方式、指导语、列队呈现方式等备受研究者和实践工作者的关注。本节选取证人证言可信性影响因素研究中比较有代表性的研究进行阐述梳理,以期能为法律工作者提供有效的参考。第二节以公安、法学专业本科生、心理学专业本科生为被试开展了证人证言可信性影响因素的调查研究。研究对比了公安、法学专业本科生和心理学专业本科生关于证人证言可信性知识的差异,了解了法学专业本科生和心理学专业本科生对于法律工作者(法官、检察官、公安、律师)是否具有证人证言可信性影响因素相关知识的信念问题。通过实证研究发现问题,提出保障证人证言可信性的建议。

第三章

证人证言可信性的评估

对于这些真相大白的误判来说，最困扰人的是，我们永远无法知道有多少无辜的人被定罪。

——《误判》

在证人证言的形成过程中，存在大量影响证人证言可信性的因素，即便是自信的证人所提供的证言也不一定是正确的，因此如何正确地评估证人证言可信性就显得尤为重要。实践中，法律工作者通常认为，在司法证明活动中可以通过自身积累的经验来识别证人证言的可信性，因此，其对于心理学工作者开展的关于证人证言可信性评估的研究，多持排斥的态度。心理学关于证人证言可信性评估的探索，多集中于证人非言语分析、证人言语分析、证人生理检测方面。其中关于证人非言语行为的研究没有得出一致的结论，在司法实践中也没有获得认可。因此，本章关于证人证言可信性评估方法的探讨仅限于言语分析和生理检测。

第一节　证人证言可信性的言语分析

证人证言可信性的言语分析是指通过证人陈述的言语内容来判断其所提供的证言的真实性。心理学关于证人言语行为评估的研究较为成熟和深入，在国外的司法实践中，人们对于通过证人言语行为的分析来判断证言可信性也有一定程度的认可。有些国家对于证人言语行为的评估已经被法庭作为审查证言的方法或作为专家证据予以采纳。① 目前，关于证人证言可信性的言语分析较受关注的方法主要有陈述有效性评价和真实监控。

一、陈述有效性评价(Statement Validity Assessment，SVA)

陈述有效性评价是用系统性方法来评估当事人(证人、被害人或犯罪人)的陈述是否真实的心理学技术。陈述有效性评价包含动机、认知、记忆等心理学基础，其认为真实的陈述与虚假或者通过幻想得出的陈述，在数量和质量上都存在差异，可以采用一定的标准来对证人陈述的数量和质量作出分析，从而判断证人证言可信性。德国心理学家欧得思于 1976 年提出下列观点支持了陈述有效性评估技术。

关于自己经历过的真实事件的陈述定然与关于自己没有经历

① 参见李安：《证言真实性的审查与判断——陈述有效性评估技术》，载《证据科学》2008 年第 1 期。

的过程的说法在如下方面存在区别：直接性、丰富性和活泼性、事实的准确性和心理上的确定性，过程的逻辑性、真实性、具体性、细节丰富性、原始性以及个体性（与个别事件的具体性以及每个参与人的个体体验方式相应的）。[①]

陈述有效性评价技术包括三个步骤：第一步是一个结构化的访谈，主持人通过访谈的形式获取当事人的陈述；第二步是一个标准内容分析（Criteria-Based Content Analysis，CBCA），对所获取的陈述进行系统化、标准化的分析；第三步是通过一套问题（有效性检查列表）来评价 CBCA 的结果。

在陈述有效性评估的三个步骤中，最为关键的是第二步的标准内容分析，陈述的内容标准分析包括四个部分，每部分又有多个不同的指标，具体见表 3－1。

表 3－1　陈述的内容标准分析

标准	项目
一般特征（general characteristics）	1. 逻辑结构
	2. 无组织的叙述
	3. 细节的质量
明确内容（specific contents）	4. 语境铺垫
	5. 对交互行为的描述
	6. 话语复述
	7. 事件中料想不到的复杂化

① 参见中欧法学院在国家法官学院举办的“证人心理学”职业培训项目，德国汉诺威法院法官所讲，吕晓静整理。

续表

标准	项目
内容的独特性（peculiarities of content）	8. 异常的细节
	9. 多余的细节
	10. 正确报告的细节被误解
	11. 相关的外部联系
	12. 主观的心理状态的描述
	13. 犯罪者的心理状态归因
动机——相关的内容（motivation-related contents）	14. 自发改正
	15. 承认记忆的缺失
	16. 对自己的证言有怀疑
	17. 自我否认
	18. 宽恕犯罪者
罪行——特定要素（offence-specific elements）	19. 罪行的细节特征

资料来源：[英]Aldert Vrij：《说谎心理学》，郑红丽译，中国轻工业出版社 2005 年版，第 142 页。

大量心理学研究表明，陈述的内容标准分析的指标更多地出现在真实的陈述中。阿德顿·维吉（Aldert Vrij）的研究发现，陈述有效性评价对于分区虚假陈述的准确率在 65% ~75%。[①] 采用陈述有效性技术评估证人证言可信性，主持人需要将获取陈述的数量、质量与标准内容中的各项指标进行比较，符合标准的内容越多，就说明证人的证言越可信。在欧洲的司法实践中，陈述有效性评价技术是评价言语真实性最常用的技术，其中在性侵案件中对

① 参见[英]Aldert Vrij：《说谎心理学》，郑红丽译，中国轻工业出版社 2005 年版，第 182 页。

儿童证言的分析最为多见。在德国、荷兰等一些欧洲国家，陈述有效性评价技术的结果被允许在法庭上作为证据使用。1955 年，德国联邦最高法院规定，在所有有争议的儿童性虐待案件中，都必须采用陈述有效性评价技术。在美国、加拿大等北美国家多将陈述有效性评价技术用于指导警察的调查工作，或者以专家证言的方式出现在法庭上。

尽管陈述有效性评价技术受到了一定程度的认可，但是在心理学研究者中关于其有效性也存在着一定的争论。关于陈述有效性评价技术的争议主要集中于以下几个方面：一是标准的数量问题[①]。关于陈述需要符合几个指标才能判断证人的陈述是真实的，学者们持有不同的观点。二是指标的权重问题[②]。学者们普遍认为各个指标在判断证人陈述时的作用不是均等的，但对于哪些指标更能有效区分真实陈述和虚假陈述并没有一致的结论。三是陈述有效性评价技术倚重于“事实标准”（比如细节信息、感知觉信息等）。说谎者有时也能提供这些信息，在这种情况下，陈述有效性评价技术不能作出准确判断。有学者提出可以采用加入“谎言标准”[③]来解决该问题。四是陈述有效性评价的主观性。陈述有效性评价依赖于评估者的解释，而对于评估者却没有标准化、规范化的要求。研究者通常采用多个评分者独立评分或同一评分者不

---

① 格雷格（Graig）（1995）认为应当至少满足其中的 5 个标准才是有效的，拉斯金（Raskin）（1995）认为必须满足前三个标准，另外还要满足余下标准中的 4 个标准才是有效的。

② 在本文中，权重指的是各指标区分实话和谎话的作用。

③ 涉及人的认知操作的通常被作为说谎标准，比如对事件的推理，“她胆子很小，应该没有下水吧”。

同时间多次评分的方式来确保评价的准确性,多个评分者评分或同一评分者多次评分有较高的一致性,则说明评价是客观的。五是缺乏有效的常模。至今陈述有效性评价都没有建立有效的常模,因此后续研究无法进行比较。六是陈述有效性评价技术存在一定的错误率。陈述有效性技术的错误率在25% ~35%,应谨慎在司法实践中的应用。

二、真实监控(reality monitoring)

1981年,约翰逊和雷伊(Raye)提出了真实监控的概念。真实监控是指人们把记忆归为真实经验(外部来源)或归为想象(内部来源)的过程。[①] 这一概念一经提出就得到了不少学者的支持,他们认为来源于真实感知的记忆与来源于想象的记忆是不同的。真实经验往往包括更丰富的知觉信息(比如,视觉、听觉、味觉、触觉等)、背景信息(比如,案件发生时的天气等)、情感信息(比如,对事件中某人某事的情感反应等),而想象更多地依赖于思维和推理这样的认知操作技巧,因为没有亲历事件,所以会缺少关于事件内容的丰富性和形象性。[②] 比如基于想象的记忆会出现这样的判断——聚会的时候大家都聊得很开心,我觉得他应该也很高兴;而基于真实感知的记忆可能会是这样的描述——他笑眯眯的,脸都红了,看起来和其他人聊得很开心。两种陈述有明显的差异,基于

---

① See Johnson M. K. & Raye C. L., *Reality Monitoring*, Psychological Review, Vol. 88: 1, p. 67 - 85 (1981).

② 参见[英]Aldert Vrij:《说谎心理学》,郑红丽译,中国轻工业出版社2005年版,第194页。

想象的陈述会体现出更多的推理和逻辑，而基于真实经历的记忆则会包含更多感知信息的陈述。

真实监控是另一种用以评价言语内容真实性的方法，真实监控的理论假设受到了学者和实践工作者认可，后期许多的学者都致力于研究真实监控，并提出了真实监控的标准，其中比较有代表性的是斯波勒（Sporer）于1997年提出的8项标准，见表3－2。

表3－2　真实监控标准

序号	标准	内容
1	清楚	陈述的内容清楚、生动
2	知觉信息	陈述的内容中包含知觉信息
3	空间信息	陈述的内容中包括空间、地点等信息
4	时间信息	陈述的内容中包括时间信息，或者陈述是以事件发生的顺序进行的
5	感情	陈述的内容中包含当事人在事件中的感受
6	叙述的重构能力	根据陈述的内容能够重构事件
7	真实性	陈述的内容是可靠的、真实的、合理的
8	认知操作	陈述者对事件的发生存在认知操作

资料来源：Sporer S. L.，*The Less Travelled Road to Truth*：*Verbal Cues in Deception in Accounts of Fabricated and Self-Experienced Events*，Applied Cognitive Psychology，Vol. 11：5，p. 373－397（1997）。

大量的研究表明，真实监控的8项标准更多地出现在真实感知的记忆中。

相关学者的研究表明，真实监控的准确率一般在60%～80%。采用真实监控评估证人证言可信性，主持人需要将获取陈述的数量、质量与标准内容中的各项指标进行比较，符合标准的内容越多，就说明证人的证言越可信。近些年来，一些国家的司法部门采用真实监控来评价证人证言的可信性。从原理上来说，真实监控与陈述有效性评价技术具有相似性，但相较于陈述有效性评价技术，真实监控的指标更少，操作更简单，因此也更受实践工作者的欢迎。另外，为了减轻倚重“事实标准”的倾向，真实监控增加了“说谎标准”，这也使得该理论更具合理性。

应该说真实监控是基于陈述有效性评价技术的有效探索与发展，在陈述有效性评价技术中有所争议的大部分问题（比如标准数量、标准权重、评估者的主观性、常模、错误率等），在真实监控中也同样存在。并且学者们还担心随着时间的流逝，记忆的质量会下降，会出现外部记忆（真实经历的记忆）逐渐内化，内部记忆（想象的记忆）逐渐外化的情况。① 在这种情况下，采用真实监控就很难区分是真实经历的记忆还是想象的记忆。在司法实践中，真实监控的应用还有很长的路要走。

第二节　证人证言可信性的生理检测

如何准确理解人的记忆，如何准确判断证人证言的可信性得到了心理学、司法学等不同领域的持续关注。检测大脑中储

---

① 参见［英］Aldert Vrij：《说谎心理学》，郑红丽译，中国轻工业出版社 2005 年版，第 202 页。

存的个人记忆的准确性对刑事司法领域具有重要的意义,长期以来,研究者持续探索检测人类记忆的技术。目前,关于证人证言可信性的非言语行为评估的认可程度最低,言语评估虽得到了司法部门一定程度的认可,但也存在相当的错误率,因此实践应用也需极为谨慎。生理指标的检测是目前心理学界和法律界最为关注、最为期待的技术。本章主要从生理指标探讨证人证言可信性的检测。对证人生理指标的检测主要有两类:一类是基于自主神经系统的心理测试技术,目前使用最多的是多导仪测试技术,它也是司法实践中应用最为广泛的技术;另一类是基于中枢神经系统的心理测试技术,目前最受关注的是事件相关电位检测(ERP)和功能磁共振成像检测(fMRI)。研究者和司法实践工作者普遍认为基于中枢神经系统的心理测试技术未来的发展和贡献可期。

一、多导仪测试技术

多导仪测试技术以刺激—反应为其基本原理,主要利用多道生理记录仪来收集被检测者的呼吸、心率、血压、皮肤电等自主神经系统的外周生理指标,然后通过这些生理指标推断被测者的心理反应,从而判定被测者与案件的相关性。[①] 当前,用于诉讼领域的多导仪测试技术主要采用对照问题测试法(comparison question technique,CQT)和隐蔽信息测试法(concealed information test,CIT)。

① 参见张华威:《记忆主动抑制影响基于反应时的犯罪心理测试有效性》,中国人民公安大学 2022 年博士学位论文。

（一）对照问题测试法[①]

20 世纪 60 年代，美国学者巴克斯特（Backster）首先提出了对照问题，后来人们将该方法称为对照问题测试法。对照问题测试法在一定程度上解决了相关—无关问题测试技术[②]的弊端。对照问题测试法不仅包含相关问题、无关问题，还增加了对照问题。对照问题是指与案件无关但又能引起人们生理心理反应的一类问题（通常会涉及人们可能曾经做过或者曾经想做过，但有违法律法规或者道德风尚，人们不太愿意承认的，会引发一定焦虑情绪的事件）。对照问题测试法基于这样的假设，即说谎者会更关注相关问题而不是对照问题，因而会在相关问题上产生较大的生理反应，而无辜者会更关注对照问题，因而会在对照问题上表现出更大的生理反应。测试者将不同的问题按照一定顺序编排，然后向被测者提问，主要关注被测者在对照问题和相关问题上的反应，通过比较两者生理反应上的差异，判断被测者对相关问题是否撒谎。

对照问题测试法得到恐惧理论（该理论认为人们会因为害怕谎言被戳穿而产生恐惧情绪，恐惧情绪会引发人们的生理反应）、冲突理论（该理论认为人们都倾向于说实话，在不得不说谎的情况下，人们会产生冲突心理，进而会引发生理反应）、条件反射理论

---

① 对照问题在历史上还被称为“情绪问题”“准绳问题”“控制问题”“对照反应问题”等，我国目前无论是研究还是实务领域，多采用“控制问题”和“控制问题测试法”的提法。

② 相关—无关问题测试技术是最早被广泛使用的测谎技术，这种测试包含相关问题和无关问题（以是否与案件有关来区分相关问题和无关问题），该技术适用方法简单，取得了巨大的成功。同时，该技术也存在不少弊端，比如无关被测人也会关注相关问题，他们在回答相关问题时也会紧张、担心等导致较强的反应，这种方法无法适当地控制相关问题，可能对被测人产生的情绪影响。

(该理论认为亲历事件会产生强烈的情绪体验,案件与情绪之间就会建立条件反射,当问题涉及案件相关内容时就会出现条件反射,进而引起被测试者的生理反应)等理论的支持,是目前应用最广泛的技术。在北美地区实务中使用的技术几乎只有对照问题测试法一种,我国的司法实践中也应用较广。

(二)隐藏信息测试法[①]

隐藏信息测试法建立在个体的认知加工过程中,尤其是在记忆的基础上,基于定向反射原理[②],认为当某人面对一个具有个人重要意义的刺激(比如与犯罪有关的信息)时,就会出现定向反射,进而会使个体产生心理或生理反应(比如脉搏、呼吸和皮肤电阻等发生改变)。1959 年,莱肯(Lykken)最早提出了隐藏信息测试法,后续学者逐步将该方法在实践中推广。该测试法旨在通过诸如皮肤电导反应(SCR)等指标来揭示与犯罪相关的特定信息。[③] 典型的隐藏信息测试法采用三刺激范式,分别为:一是探测刺激(probe),这类刺激是与犯罪相关的信息,通常来说只有真正的犯罪者才知道该信息。二是无关刺激(irrelevants),该类刺激为与犯罪无关的刺激,对于犯罪者和无辜者来说都没有特殊的意义。

① 根据隐藏信息内容的不同,隐藏信息测试范式又分为自传体信息测试范式和犯罪相关信息测试范式(guilty knowledge test,GKT)。在刑事司法领域运用较多的是犯罪相关信息测试范式,有不少学者将隐藏信息测试范式等同于犯罪相关信息测试范式。我国测谎学界先行者王补将犯罪相关信息测试范式译为犯罪情境测试法。

② 定向反射原理的倡导者普遍认为刺激的意义性和新异性是定向反射产生的原因,会导致个体相应的生理行为变化。

③ See Lykken D. T. ,*The GSR in the Detection of Guilt*, Journal of Applied Psychology, Vol. 43:6, p. 385(1959).

三是靶子刺激(Targets),这类刺激也与犯罪无关,但要求被测试者在看到它时,做出特定反应。[①] 其基本假设是,在一连串刺激中亲历案件者能再认出犯罪相关刺激,而对于无辜者来说犯罪相关刺激和无关刺激都没有特殊意义,不会产生再认过程。为了形成最终确定的结论,主测人还会考虑是否存在人为因素(如被测试者是否有意控制呼吸、制造疼痛等)、环境因素(如被测试环境是否存在噪声等),以及在测试的过程中被测试者是否存在一些意外的情况(如打喷嚏、咳嗽等),从而对被测试者在某些问题上的强反应作出合理的解释。

隐藏信息测试法一经提出就受到了学者们的关注与欢迎。研究者认为,任何一个案件,只要存在只有罪犯知道的犯罪信息,隐藏信息测试法就可以使用。隐藏信息测试法的优势在于,如果相关信息没有被泄露,那么相比而言,隐藏信息测试法对假阳性的控制要优于对照问题测试法,但对假阴性的控制较弱,即有较大的可能漏掉真正的有罪者。2002 年,本·沙哈尔(Ben-Shakhar)和埃拉阿德(Elaad)通过研究证实了隐藏信息测试法的有效性,认为该测试法具有坚实的科学基础。[②] 2011 年,凡舍尔(Verschuere)和本·沙哈尔对比了采用隐藏信息测试法在实案中检测到的各种生理反应与在实验室检测到的生理反应,发现两者具有高度的相似性,即

---

① 参见张庆鹏:《浅谈心理测试技术中的隐藏信息测试法(CIT)》,载《警察技术》2008 年第 3 期。

② See Ben-Shakhar G. & Elaad E. , *Effects of Questions' Repetition and Variation on the Efficiency of the Guilty Knowledge Test: a Reexamination*, Journal of Applied Psychology, Vol. 87, p. 972 – 977 (2002).

被测者对关键项目的认知导致了被测者皮肤电增加、心率下降、呼吸抑制和指脉波下降。[①]

（三）对照问题测试法与隐藏信息测试法的比较

对照问题测试法基于比较被测人在对照问题（能引起被测试者一定压力的问题）和相关问题（与案件相关的问题）上生理反应的大小来评判被测者是否说谎，若被测人在对照问题上的生理反应大于相关问题的生理反应，则认定被测人通过测试，即被测人在相关问题上的回答是诚实的；反之，则认定被测人在相关问题上说谎。[②] 对照问题测试法仅就相关问题和对照问题进行比较，对于高敏感性的无辜被测者，易造成假阳性。隐藏信息测试法通过被测人的生理反应来评判其是否对相关问题有相应的认知，相比对照问题测试法，隐藏信息测试法采集到的生理指标更符合心理科学，但隐藏信息测试法对测试人员的要求较高，测试者需懂得生理心理学、侦查学、物证技术学等。梅杰（Meijer）等人（2016）认为与对照问题测试法相比，隐藏信息测试法更有优势和应用前景。[③]

---

① See Verschuere B. & Ben-Shakhar G. , *Theory of the Concealed Information Test*, In B. Verschuere Ben-Shakhar & E. Meijer eds. , MemoryDetection: Theory and Application of the Concealed Information Test. New York, NY: Cambridge University Press, 2011, p. 128 – 148.

② 参见武伯欣：《心理检测技术概论》，中国人民公安大学出版社 2017 年版，第 28 ~ 29 页。

③ See Meijer E. H. et al. , *Deception Detection with Behavioral, Autonomic, and Neural Measures: Conceptual and Methodological Considerations that Warrant Modesty*, Psychophysiology, Vol. 53:5, p. 593 – 604 (2016).

（四）实践应用

目前，大多数国家采用对照问题测试法进行实案测试。就我国目前心理测试技术的应用情况来看，大多数实践部门仍然在使用对照问题测试法。2012 年，陈云林等学者将对照问题测试法与隐藏信息测试法结合到一起进行测试，称其为系统测试法（SPEI）。具体来说，该测试法先用对照问题测试法测试，若测试结果没通过（说谎），再用几组隐藏信息测试法进行精细测试，这是我国目前使用较多的一种测试方法。① 2004 年，武伯欣、范刚等人结合大量实案测试及心理学实验研究，在隐藏信息测试法的应用研究中，进一步提出了认知综合测试法（cognitive comprehensive test，CCT）。认知综合测试法注重在编题前全面研究把握案情及犯罪人心理活动，将犯罪心理动态分析作为编题的重要基础，以自我（作案人）认知题、犯罪情节题、即时心态题为编题要素，并在编题过程中严格遵循案件发生发展的逻辑顺序和涉案人心理活动规律，以便筛选出涉案人认知清晰、情绪体验深刻、记忆良好的目标问题，确保编制的测试题能够有效地唤醒涉案人对案件相关信息的记忆等心理活动，并且扩充了目标题目的数量，改善了隐藏信息测试法在测试中目标题数量不足的问题，有效地提高了隐藏信息测试法的测试效度。②

隐藏信息测试法目前应用最广泛的国家当属日本，日本是世

① 参见陈云林、孙力斌：《心证之道——心理测试技术新视角》，中国人民大学出版社 2012 年版。

② 参见范刚：《测谎与测真——从杜培武案谈“测谎”及其科学应用》，载《西部法学评论》2019 年第 1 期。

界上唯一将隐藏信息测试法大量应用在实案测试中的国家。在日本的刑事调查中,每年有大约 70 名多导仪使用者,实施共计 5000 个隐藏信息测试法。在日本多导仪测试的结果可以被用作法庭证据,但其必须满足以下条件:(1)仪器性能及其测试技术足够可靠;(2)主测人在经验和技术方面有足够的资格;(3)被测人在测试前签署了知情同意书;(4)主测人如实填写证明文件,包括对整个测试过程和测试结果的适当记载;(5)确保被测人在测试时的生理和心理状态是正常的。[①] 目前,日本的司法实务部门对于心理测试结果的接受程度较高,普遍认可心理测试结果的证据能力。实践中,关于心理测试的争论主要集中于心理测试是否侵犯了被测试者的沉默权,日本学界一般认为,通过心理测试获得的是被测试者的生理数据,不能视为对被测试者沉默权的侵犯。

(五)批评与争议

多导仪测试一经提出就得到主流心理学理论的支持,但测试原理中确实还存在难以用传统理论进行解释的情形。不少学者认为多导仪缺乏理论基础;测试过程缺乏与心理学知识的联系;在图谱评分中缺乏标准的评分方法;使用欺骗程序存在缺陷和不合法性;易受反测试的影响。

关于对照问题测试法最大的批评集中于测试中对不恰当的对照问题的使用会增加将无辜者错误认定为有罪者的风险,即出现更多的假阳性。除此之外,学者阿德顿·维吉等人还认为,对照问

① 余军、范刚、杜佳燕:《心理测试技术在日本的研究与应用现状》,载《证据科学》2018 年第 2 期。

题测试法的理论基础薄弱、缺乏标准化,并且其准确性也被夸大,因此对照问题测试法并不符合道伯特(Daubert)标准[①],不能作为证据使用。学者们还提出对照问题测试法本身基于的假设存在问题;现场研究的质量也存在争议,特别是这些研究中基本事实的获得;错误率可能很高,特别是对无辜者而言;而且测试在科学界饱受争议。

对于隐藏信息测试法的批评主要集中于三方面:一是认为隐藏信息测试法可应用的案件范围有限。比如在性侵案件中,犯罪嫌疑人承认性行为,但在否认强迫的情况下或是共同犯罪的案件中,犯罪嫌疑人仅承认目击案件或否认是主犯的情况下,隐藏信息测试法无法有效检测。二是采用隐藏信息测试法会出现较高的漏报比例。亲历事件的人可能因为没有察觉到测试者所提到的细节,或者在测试时忘记了,而不能准确地回忆犯罪现场的细节,这样就容易漏过真正的有罪者。三是采用隐藏信息测试法编制测试题目并不容易。如果被测人通过媒体、警察的询问或其他方式知道了犯罪关键项目,该种方法就不能使用。阿德顿·维吉等人认为隐藏信息测试法有着十分充分的理论基础,但仍不满足道伯特标准,主要问题在于已知的错误率太高。

---

① 道伯特案为美国法院系统评估科学证据创立了新的标准,被称为道伯特标准。道伯特案的法官认为在评估科学证据时应当考虑如下几个因素:(1)形成专家证言所依靠的科学理论与科学方法是否建立在可检验的假设之上;(2)形成专家证言所使用的科学理论与科学方法是否与现有的专业出版物当中记载的原理相同;(3)有关理论的已知的或者潜在的错误率以及该理论现存的研究标准;(4)指导相关理论的方法论及研究方法为相关科学团体所接受的程度。

二、事件相关电位

在传统的多导仪测试技术持续发展的同时，认知神经科学测试技术开始崭露头角。随着认知神经科学的发展，事件相关电位、功能磁共振成像等技术的出现为记忆研究开辟了新路径。这些新兴技术的出现使得我们能够为我们的推论提供直接生理证据的支持或反证，真正了解人类认知活动与大脑功能之间的微妙关系。认知神经科学的发展丰富了人们对“记忆”的理解并深化了对法律运行的思考，在目击者记忆的检测中发挥着重要的作用，这种检验方式基于目击者的心理生理反应，对于有效地鉴别记忆正确与否具有重要的作用，在未来的法庭科学上必将占有一席之地。[①]

（一）原理与方法

脑电波通过贴于头皮上的电极收集电信号，经过滤波、放大等过程收集波形图谱，这是一种使用电生理指标记录大脑活动的方法。早在 1939 年，戴维斯（Davis）就发现脑电波与外在事件具有相关性。此后，学者萨顿（Sutton）等人对这一现象进行了系统、深入的分析，发现当对个体给予刺激或撤销刺激时，在大脑头皮相应部位可检出与刺激相关的生物电反应，他们将其称为事件相关电位。有的学者将该技术称为脑指纹，认为人类大脑活动的波动就像指纹一样，在特定的行为下会呈现特定的模式。事件相关电位有两个显著的特性，波形恒定和潜伏期恒定，

---

① 参见王龙、刘洪广：《证人记忆的影响因素及认知神经科学检测方法探新》，载《证据科学》2012 年第 5 期。

即作用于个体的刺激相同,则诱发的事件相关电位的波形和潜伏期也是相同的。事件相关电位的测试机制是利用人脑对感知过的事物是有记忆的,记忆以图形或语义的形式储存,当感知过的事物再次出现时,大脑就会对事物进行匹配,来检测当前事物是否在大脑中有记忆,这一过程会产生相应的脑电反应,不同事物所诱发的脑电波是不同的。[①] 研究者认为被测试者对不同刺激的认知加工过程是不同的,因此给予不同的刺激,引发的脑电反应也是不同的,所以可以通过比较脑电的变化,来判断被测试者是否真实感知过相关的刺激。

1987 年,罗森菲尔德(Rosenfeld)采用隐藏信息测试进行事件相关电位检测,实验获得了一定的成果。此后的几十年,最受关注、研究最为深入的是 P300 脑电指标,因此学者们又将其称为基于 P300 的隐藏信息测试(P300 – based CIT)。基于 P300 的隐藏信息测试认为犯罪相关信息对于犯罪者具有特殊的意义,犯罪嫌疑人对这些信息有较深的记忆编码,通过检测犯罪相关信息是否会诱发犯罪嫌疑人更大 P300 波幅,来鉴别犯罪嫌疑人与无辜者。基于 P300 的隐藏信息测试的本质是检测嫌疑人对犯罪信息的再认。大量研究表明当刺激与记忆相匹配时,会引发更为负向的事件相关电位,即 P300 脑电波。1991 年,法韦尔(Farwell)和唐钦(Donchin)的研究表明,在 20 起基于 P300 的事件相关电位测试案件中,其中有 18 起能够有效区分无辜者与

---

① 参见王龙、刘洪广、杨恒毅:《犯罪心理测试技术工具探析——多导仪测试与脑电位测试》,载《广东公安科技》2012 年第 2 期。

犯罪者。[①] 此后的许多研究也证明了 P300 鉴别犯罪者的有效性。2003 年,海伦(Herron)、奎尔(Quayle)和鲁格(Rugg)进行了再认错误记忆研究,结果发现 P300 是辨别错误记忆与正确记忆的脑电指标。[②] 2007 年,勒费维尔(Lefebver)、马钱德(Marchand)和史密斯通过使用脑电检测的方法考察目击证人列队辨别的实验研究,发现在犯罪嫌疑人在列时,目击证人的 P300 会被显著诱发,并且在两周之后再进行测试,依旧检测到显著的 P300 脑电波。[③] 从实验的结果上看,无论目击者对犯罪嫌疑人的辨认是否准确,脑电波的差异都可以更准确地表明呈现的犯罪嫌疑人形象是否与之前看到的犯罪人形象相匹配。[④] 因为 P300 与人类记忆和再认等认知加工过程有着直接的联系,所以 P300 常被用以分析相关的信息是否存在于被检测者的大脑中,为事件相关电位检测提供了一种更灵敏、更有效判断犯罪相关信息的记忆和再认准确性的方法。

(二)实践应用

随着事件相关定位技术的不断发展、完善,司法实践中也逐渐

---

① See Farwell L. A. & Donchin E., *The Truth Will Out: Interrogative Polygraphy ("Lie Detection") with Event-Related Brain Potentials*, Psychophysiology, Vol. 28:5, p. 531 – 547 (1991).

② See Herron J. E., Quayle A. H. & Rugg M. D., *Probability Effects on Event-Related Potential Correlates of Recognition Memory*, Cognitive Brain Research, Vol. 16, p. 66 – 73 (2003).

③ See Lefebver C. D., Marchand Y. & Smith S. M., *Determining Eyewitness Identification Accuracy Using Event-Related Brain Potentials (ERPs)*, Psychophysiology, Vol. 44, p. 894 – 904 (2007).

④ 参见王龙、刘洪广:《证人记忆的影响因素及认知神经科学检测方法探新》,载《证据科学》2012 年第 5 期。

地出现了采用事件相关定位技术检测以帮助法官审查判断的案例。2000 年,在哈林顿(Harrington)案中,事件相关定位技术得以应用。1997 年,在一起谋杀案中哈林顿成为犯罪嫌疑人,1998 年哈林顿被判有罪。2000 年,法韦尔博士使用事件相关定位技术对哈林顿进行了检测,结果却显示哈林顿对该案并不知情。[①] 审理案件的法官承认将事件相关定位检测结论纳入证据,并认为此技术符合道伯特规则。法庭结合其他证据,最终宣告哈林顿无罪释放,并且裁定政府需向哈林顿以及另一名被告支付 1200 万美元的赔偿金。不少学者认为事件相关定位技术应用于哈林顿案预示着认知神经科学技术开始真正介入司法领域。

2008 年,印度的阿蒂提・萨尔玛案被认为是首起以脑部扫描结果作为主要依据判决的案件。2006 年的某日,阿蒂提与男友乌迪特相约在一家餐厅见面,后乌迪特神秘地中毒身亡,阿蒂提因涉嫌在快餐中下砒霜而被捕,但阿蒂提始终不认罪。2008 年,法庭对阿蒂提进行了脑电波测谎系统(brain electrical oscillation signature,BEOS)检测,测试结果显示阿蒂提对于其谋杀犯罪的经过具有"经验知识"。法官采信了脑电波测谎系统的脑部扫描测谎结果,认定阿蒂提蓄意谋杀的罪名成立,虽然阿蒂提本人坚称自己是无辜的,但最终仍被判处无期徒刑。此案例引发了理论界与实务界的广泛关注,人们对脑电波测谎系统测试技术褒贬不一。

此后,随着技术的进步与研究的进一步深入,司法实践中脑电波检测技术受到了更多的关注,并在一定程度上得到了实务部门

---

① See United Sates v. Harrington,410 F. 3d 598(2000).

的接受。2013 年,新加坡警方引进了脑电波检测技术;2014 年,美国佛罗里达州警方开始使用脑电波检测技术;澳大利亚反恐机构也组织了专家评估脑电波检测技术的可靠性与可推广性。

(三)评价与争议

基于事件相关电位的心理测试技术直接检测被测试者的认知加工过程,以多导仪为代表的传统心理生理测试技术主要检测被测试者自主神经系统的外周生理指标,因此相较而言,基于事件相关电位的心理测试技术具有更好的效度。

日本研究者认为 P300 正确区分测试者与说谎者的正确率要略高于传统多导仪测试。①

事件相关电位在时间分辨率上具有很大的优势,但也存在明显的缺陷,即不够精准。首先,由于脑电图和事件相关电位记录的是大脑内部神经活动的电信号在大脑外头皮上的反映,受头骨和各种脑组织的形状和导电性影响较大。其次,运用事件相关电位技术无法将任务效应、强化记忆等因素与单纯由靶刺激引发的 P300 相剥离,难以准确确定认知脑神经活动的发生源。基于 P300 的隐藏信息测试也存在一些明显的不足,如真实案件中亲历者的紧张、焦虑,会限制亲历者对于犯罪相关信息的编码、回忆。另外,实践中对亲历者的测试也往往在案发后的很长的一段时间,亲历者很可能已经遗忘了犯罪相关的信息。这在很大程度上限制了基于 P300 的隐藏信息测试在实践中的应用与推

① 参见[荷]Aldert Vrij:《欺骗与测谎——陷阱与良机》(第 2 版),韩春梅、张磊、刘远译,中国人民公安大学出版社 2016 年版,第 254 页。

广。最后，P300 脑电波往往是很弱的信号，为了可靠地测量 P300 脑电波需要很多次尝试。如果被测试者在测试之前，通过其他途径（如媒体、侦查人员、同案证人等）知晓了犯罪相关的信息，在这种犯罪信息泄露的情况下，采用基于 P300 的隐藏信息测试也可能会导致较高的假阳性率。

三、功能性磁共振技术

（一）原理与方法

功能性磁共振成像技术是一种新兴的神经影像学方式，是利用磁振造影来测量神经元活动所引发之血液动力的改变。大量实验证明，去氧血红蛋白具有顺磁性，可在血管周围引起局部磁场均匀性的变化，当大脑某区域活动增加时，此区域的血氧成分和血流量会增高，同时静脉血中去氧血红蛋白数量亦增多。[①] 功能性磁共振成像技术利用了血氧水平依赖效应。由于功能性磁共振成像技术具有较高的机能定位空间分辨率，因此在无创性脑认知成像研究技术中备受青睐。

面孔认知的血氧水平依赖的功能磁共振成像技术（BOLD-fMRI）是功能磁共振成像技术的一种，主要用以研究面孔的感知和识别，通过该项技术可以进一步了解大脑对感知的面孔进行认知和加工的过程。通过对脑损伤病人以及与短尾猴的研究，研究者发现，在人的大脑中可能存在着专门用来负责进行面孔加工的脑区，该技术使得人类对面孔认知和加工机制的研究进入了一个

① 参见郑红丽：《P300 测谎技术研究》，中国政法大学 2009 年博士学位论文。

全新的发展阶段。[①] 2001 年,肖恩·斯宾塞(Sean Spence)等人发表了首个功能性磁共振技术识谎的文献。2005 年,美国宾夕法尼亚大学达瓦茨科斯(Davatzikos)等人的研究结果表明采用功能性磁共振成像技术判断目击者是否说谎的准确率达到99%。[②] 2006 年美国天普大学穆罕默德(Mohamed)等人的研究结果表明采用功能性磁共振成像技术能够准确地区分"有罪者"与"无辜者"。[③] 这些研究发现,说谎与脑部某个区域或结构的活动有关。特别是与抑制和冲突解决有关的区域在说谎时被激活,这表明是抑制诚实并知道实情却要说出谎话的冲突让谎言泄露。2004 年,斯宾塞等人基于文献综述报告欺骗通常会激活与认知需求联系的脑部高级中心。也就是说,说谎被识破的风险会影响脑区的活动。

(二)实践应用

随着实验室研究的广泛开展,有学者开始尝试将功能性磁共振成像技术从理论研究推向实践应用。2009 年,功能性磁共振成像技术首次被尝试应用于美国的司法实践,在美国加利福尼亚州的一起性虐待案件中,被告的律师提交了功能性磁共振成像技术测谎报告,用以支持被告的陈述。2010 年,美国纽约州法院审理威尔森案(Willson v. Corestaff Services)中,原告提出采用功能性

---

① 参见白红民:《类别特异性命名区的脑定位及其临床应用研究》,第二军医大学 2010 年博士学位论文。

② See Davatzikos C. et al., *Classifying Spatial Patterns of Brain Activity with Machine Learning Methods: Application to LieDetection*, Neuroimage, Vol. 28:3, p. 663 – 668 (2005).

③ See Mohamed F. B. et al., *Brain Mapping of Deception and Truth Telling about an Ecologically Valid Situation: Functional MRImaging and Polygraph Investigation—Initial Experience*, Radiology, Vol. 238, p. 679 – 688 (2006).

磁共振成像技术测谎证据以支持主要目击证人证词的证明力，法院最终并没有采信该证据，判决意见中指出，“如果某类检测证据基于科学的原理、程序或理论，而这些原理、程序或理论在科学界被普遍承认为合格的专家所提出并且得到陪审团的认可，那么纽约州法院才可以采纳该类检测证据”。[①] 但在该案中，对于脑成像检测技术的发展前景法官予以了肯定。2010 年，在美国联邦法院首次召开关于测谎证据的可采性听证会上，对于功能性磁共振成像技术等技术的测试结果作为证据的可采性也存在不同意见。

（三）评价与争议

包括事件相关电位、功能性磁共振成像技术等脑功能测试技术，比以往关于记忆的研究都更进一步，其研究非常具有吸引力。它使得人们可以更直观地看到对于不同刺激所引发的脑功能变化，对于人类记忆的过程提供了更客观、科学的解释。

功能性磁共振成像技术直接测量大脑内部的含氧量的变化，其源定位更为直接和精确。但是目前功能性磁共振成像技术并不能做到如脑电图或事件相关电位那样实时记录，因此其时间分辨率没有脑电图或事件相关电位高。但对认知功能大脑机制的深入研究要求能够同时对相关神经活动进行精确的机能定位并且能够精确观测其动态时间过程。[②] 因此，将具有高空间分辨率的功能性磁共振成像技术与具有高时间分辨率的事件相关电位相结合会是

① 参见肖杰文：《法与神经科学研究述评——兼论认知科学与法》，载《河南财经政法大学学报》2013 年第 3 期；Wilson v. Corestaff Services，900 N. Y. S. 2d 639（2010）。

② 参见张卫东、李其维：《认知神经科学对心理学的研究贡献——主要来自我国心理学界的重要研究工作述评》，载《华东师范大学学报（教育科学版）》2007 年第 1 期。

今后发展的必然趋势。目前功能性磁共振成像技术的应用仍处于探索阶段,同时由于不易携带、成本高昂等局限性,其在司法实践中的应用也受到了限制。[①]

认知神经科学为法学中的根本性、基础性和前沿性的问题提供了新的视角、方法和结论,对于法律问题提供了更客观、更具说服力的解释,为法学知识的更新与法律规则的完善提供了依据与保障,有助于更好地现实司法公正。从理论上说,事件相关电位、功能性磁共振成像技术等可以客观地检测储存在大脑中的信息,比传统的自主反应测量技术更具有优势,这种测试具有更高的精准性,受各种其他因素影响的可能性更小。但这些技术仍存在着一些固有的缺陷,这些技术旨在解释大脑与行为的运行机制,而大脑反应与人的行为之间的关系是否是唯一、固定还不确定,而人类心理活动的产生也是一个复杂的过程,对人心理活动的分析有一定难度。

另外,无论是事件相关电位还是功能性磁共振成像技术测试的前提依然是人的心理活动,如果受测试者在检验的过程中,有意回避检测,测得的指标也会被干扰。因此,不少学者认为认知神经科学技术的稳定性、可靠性还无法保证。目前,事件相关电位、功能性磁共振成像技术等仍处于试验研究阶段,在实践中加以应用的案件还不是很多,其外部效度还有待进一步检验。此外,在实践中,事件相关电位、功能性磁共振成像技术等会耗费更多的时间、金钱,其对于实测人员的要求也更高,因此,现阶段进行大规模的

① 参见邵劭:《证据法视野下的测谎研究》,知识产权出版社 2022 年版,第 1 页。

推行是不现实的。目前,大部分研究人员对于认知神经科学技术应用于实践领域尤其是法庭科学领域,仍持保留态度。

与科学技术的革新相比,思想与态度的转变是更为关键的。一方面,在对待认知神经科学的态度上,法学应当以更加开放的立场拥抱包括神经科学在内的自然科学,法学与认知神经科学的交互是必然的发展。另一方面,法学研究也必须坚持理性的思考,研究方法和技术终应服务于司法实践。未来随着认知神经科学技术的不断发展与完善,各种测试技术进行更广泛深入的实验并获得业内的认可,那么从实验走向实践也是必然的。或许有一天,通过认知神经科学技术获取的证据,也会像 DNA 一样,成为人们心中的证据之王。

本章小结

本章内容探讨了证人证言可信性评估的两类方法。一类是言语分析,一类是生理检测。关于证人证言可信性的言语分析的方法主要有陈述有效性评价技术和真实监控。这两种技术都认为基于亲身感知的记忆和基于想象的记忆,其陈述的内容是有差异的,并据此提出了分析陈述可信性的评估标准。目前,在国外这两种技术都得到了一定程度的认可,但也存在一些争议。陈述有效性评价技术和真实监控都存在一些未能得到有效解决的问题,因此在司法实践中的应用仍应十分谨慎。

随着认知神经科学的发展,越来越多的问题依赖于专门的知识、技术加以解答。认知神经科学开启了法学研究的新思路,同时也对司法实践提出了诸多挑战。相较于传统的法学研究方法,基于认知神经科学原理的技术有着显著的优势,能够为法律问题的解决提供更直观、科学的证据。认知神经科学对证人证言的研究产生了巨大的影响,目前,研究者主要采用事件相关电位、功能性磁共振成像技术探索记忆的机制,以期能够为准确判断证人证言可信性提供助益。认知神经科学被认为是 21 世纪最具前景的学科,其对司法的作用也为人们所期待。由于目前司法实践中案例的研究与应用还较少,因此对于相关技术的推广与适用还应当保持谨慎。

第四章

证人证言可信性的域外经验

你的记忆里，永远都存着你看过或听过的东西，不过人们唤出这些记忆的能力，却有限得很。

——《辩方证人》

国外关于证人证言的研究是近几十年来心理学最为成功的应用研究课题之一。目前，我国关于证人证言的心理学研究关注程度还不高，国外心理学关于证人证言的研究没有被及时、系统地介绍和应用到国内的司法实践中。我国学者关于保障证人证言可信性对策的研究多是一些经验性和理论性的建议，还未系统引入心理学实证研究的成果。本章内容主要阐述在国外司法实践中，收集和评估证人证言方面存在的问题及解决措施，以期对完善我国相关的司法制度有所助益。

第一节　证人证言的收集

证人证言的形成过程中存在大量影响证人证言可信性的因

素,而在众多的影响因素中,司法系统能控制的因素(如警察在收集证言过程中的不当行为)最受关注。如何规范警察收集证言的行为,提高证人证言的全面性和准确性,减少证言的错误率,这些是国外研究者最为热衷且持续探索的问题。

一、证人证言收集中存在的主要问题

(一)警察主导询问

在国外司法实践中,通常由警察负责收集证人证言。在证人证言收集过程中,较为普遍的情况是警察主导询问的过程,询问的内容、进程等均由警察确定。这类询问方式的开展由询问者主导,没有以证人为中心。

警察主导询问存在明显的弊端。第一,不利于与证人建立良好的合作关系。以询问者的询问开始收集证言的过程,证人处于被动回答的地位,容易诱发证人的抵触情绪,导致证人不愿如实陈述或陈述时有所隐瞒。询问者主导收集证人证言的过程也会降低证人自主参与陈述的意愿,询问者与证人较难进行融洽的沟通。第二,不利于证人有效提取案件信息。询问者主导证言的收集程序,不一定适合证人陈述的程序与节奏,这会打破证人对于案件信息的自主检索,不利于证人提取案件相关信息。第三,不利于全面准确地收集证人证言。警察主导的询问,证人应答式的陈述,往往都比较简洁,不会过多地展开陈述,更不会主动去提及询问者没有问及的信息,这不利于全面收集证人证言。另外,研究也表明证人自由陈述的准确性高于证人被动的应答式陈述的准确性。

（二）辨认前让证人对犯罪嫌疑人的面部做细节描述

为了了解目击者对于案件的感知情况，在组织辨认前，主持人往往会要求证人对犯罪嫌疑人进行描述。国外实践中警察往往会要求证人对犯罪嫌疑人的面部特征作出描述，并且存在倚重证人对犯罪嫌疑人面部特征描述的倾向。1999年，芬格（Finger）和佩兹德克（Pezdek）的一项研究表明，在证人对犯罪嫌疑人进行辨认之前让其对犯罪嫌疑人的面部特征进行描述，会显著地降低其之后正确辨认出犯罪嫌疑人的可能性。[①] 学者们将之称为“语词遮蔽效应”[②]。迈斯纳和布里格姆（2001）的研究证实了“语词遮蔽效应”的存在。他们认为证人之前描述的准确性也会影响后续辨认的准确性。当然，也有研究认为并不存在“语词遮蔽效应”。

（三）缺乏询问的技巧

由于警察没有记忆心理学、认知心理学等学科的专业背景，也没接受过充分的学习或培训，因此在收集证人证言的过程中，他们对于证人证言的影响因素、证人记忆的提取等缺乏理解，缺乏询问的技巧，这不利于全面准确地收集证人证言。

询问技巧的缺乏一方面表现为面对不同的证人采用同一询问策略。实践中，证人的情况各不相同，不同的询问方式适合于不同的证人，但询问者往往缺乏选择询问方式的意识和能力，对于所有

---

① Finger K. & Pezdek K., *The Effect of the Cognitive Interview on Face Identification Accuracy: Release from Verbal Overshadowing*, Journal of Applied Psychology, Vol. 84, p. 340 – 348 (1999).

② 语词遮蔽效应是指当所需记忆的事件难于用语言来把握时，语词可能反而会有损记忆，导致记忆错误。

的证人采用相同的询问方式并不是一种适合的选择。另一方面，在证言收集的过程中，询问者往往缺乏技巧去促使证人有效地回忆，当证人的回忆出现困难时，也很少采用一些支持性的提问帮助证人稳定情绪和有效检索。另外，询问者往往也缺乏评估访谈有效性的能力，不能对于证言的收集过程作出准确的评价，不利于后续进行补充询问。

（四）诱导式询问

在国外的司法实践中，警察采用诱导式方式来询问证人时有出现。在警察的诱导下，证人往往会提供符合其预期的证言，而这又反过来使警察认为询问是有效的。因此，林塞指出，在对目击证人询问的过程中，警察可能试图问一些引导性问题，或者巧妙地肯定他们的预感；他们还可以通过偏向性“列队辨认”或“照片辨认”，帮助证人辨认警察认为是“正确”的犯罪嫌疑人。[①] 这种带有明显暗示色彩的诱导式询问对于有效地收集证人证言十分不利。

当然，也并非所有诱导式询问都是不被允许的。比如，在证言的提取发生困难或是在证人陈述后，为了得到一些更准确的信息，可以适当地采用诱导式询问。诱导性的问题必须是有切实根据的，实践中应当尽量避免使用诱导性询问，以减少不必要的暗示。

（五）缺乏细节的记录

在收集证言的过程中，警察往往忽略对于细节的记录。首先，研究表明，人类的记忆在很多时候依赖于那些看似不重要的细节

① 参见［美］Lawrence S. Wrightsman：《司法心理学》，吴宗宪、林遐等译，中国轻工业出版社2004年版，第123页。

信息,很多的细节信息对于案件可以起到至关重要的作用。因此,在收集证言的过程中,不注意记录证人所提供的细节可能会导致证言的有效性降低。其次,警察在收集证言的过程中所表现出的对细节的不关注,会使证人认为警察是了解案情的,他们只对重要的、能够完全回忆的信息感兴趣。这样又会使得很多信息被隐瞒,从而导致证人所提供的证言大打折扣。

再者,在收集证言的过程中,询问者也往往会忽视对证人的自信心等细节信息的及时的记录。人们倾向于相信自信的证人,而证人的自信心又很容易受到其他因素的影响,这些因素可能源于询问者,也可能源于其他的证人,或者是报纸、媒体等。避免这些因素对证人自信心产生影响的最好的方法就是在收集证言后及时记录证人的自信心,使证人的自信心能最真实地反映其记忆的情况。

(六)忽视收集证人证言的环境

司法实践中,询问者就环境因素对于收集证人证言的影响知之甚少,对其往往也不够重视。有效收集证人证言对环境的要求主要体现在两个方面,一是通过物理环境的建构来帮助证人回忆或再认,二是通过对心理环境的建构来帮助证人回忆或再认。

物理环境的建构包含两方面的含义:一是通过环境布置,建构一种令人舒适的环境,证人置身其中,放松安全,从而愿意如实地陈述。在一种舒适的环境中,人的精神会比较放松,会更倾向于表达。二是建构案件发生时的物理环境,以帮助证人回忆或再认。相似的物理环境中包含许多背景线索,这些背景线索的出现能有效地帮助证人回忆或再认。在提取信息时,物理环境的不同会减损证人的回忆能力。我们在感知某事件后,会对信息进行编码,在回忆这些信息时,假如回忆的背景与编码的背景相匹配,回忆会更为有效。将证人带去案发现场,在询问场所布置一些与案件相关的背景(如犯罪嫌疑人所携带的挎包等)都有助于证人的回忆。

除了通过建构物理环境帮助有效收集证人证言,还可以通过心理环境的建构来帮助证人回忆。心理环境的建构主要是指询问者引导证人回忆案件发生时的情境(比如,案件发生的时间、地点、天气等),以帮助证人对关键信息进行回忆。相对于物理环境的建构,心理环境的建构被学者们认为是更可行的。

二、有效收集证人证言的方法

针对司法实践中收集证人证言存在的种种问题,国外心理学研究者在遵循记忆心理学、认知心理学等原理的基础上,关注信息的传递与人际互动,开展了大量的实验研究,逐步地归纳出建立访谈者与被访谈者"融洽关系",降低被访谈者抵触情绪等核心关注的一系列访谈方式。在访谈过程中,访谈者应尽可能多地使用开放性问题,鼓励访谈对象就其所知晓的事件提供完整且详尽的陈述,必要的时候可以提出支持性问题,而当需要追问细节的时候则可使用具体的问题,这类问题给访谈对象的回答限定了一个相对较小的范围,利于收集一些遗漏的信息。[①] 对于合作的被访谈人,询问者可使用认知访谈、自由回忆技术或改进的认知访谈技术。

---

① 参见毕惜茜、梁嘉龙:《英国侦查访谈技术探析及借鉴思考》,载《公安学研究》2020年第2期。

对于愿意如实陈述的证人，不要轻易打断对方，要保持倾听，必要时可进行适当的引导。对于不合作的访谈对象，则可使用会话管理技术，由访谈者主导访谈，促使证人如实陈述。对于儿童，应当充分关注儿童的身心发展特点，选择适合于儿童的访谈策略。

目前，有较好研究基础，在国外司法实践中已有一定推广与应用的收集证人证言的方式主要有认知访谈、PEACE 访谈、儿童认知访谈等。

（一）认知访谈法（cognitive interview，CI）

认知访谈法建立在认知心理学研究基础上，该技术主要为提高警察询问效率和准确性而提出，其依据的是认知心理学的原理。认知访谈法由美国心理学家基士曼（Geiselmann）和费希尔（Fisher）于 1985 年创立，并在各国研究者的不断探索完善下，逐渐发展成为国外司法实践中最常使用的提高证人陈述完整性和准确性的方法。[①]

1. 认知访谈法的原理

研究者开展了大量记忆心理学的实验研究，研究结果发现个体对某一事件的回忆可能需要调用多种记忆检索渠道，而用一种方法无法触及的信息往往可以被其他方法检索到。[②] 认知访谈法最初的理论依据是心理学关于记忆检索的两个重要理论：一是在进行回忆时，所处的环境与事件发生的环境越相似，越有助于回忆

① See Griffiths A. & Milne B., *The Application of Cognitive Interview Techniques as Part of an Investigation*, in C. A. Ireland & J. M. Fisher eds., Consultancy and Advising in Forensic Practice: Empirical and Practical Guidelines, John Wiley & Sons, Ltd, 2010.

② 参见毕惜茜：《英国警察：从审讯到侦查访谈（下）》，载《现代世界警察》2020 年第 2 期。

的完整和准确；二是对同一事件的记忆编码进行提取时可能有多个提取路径，当一个提取路径无法获得全部信息时，可以尝试另一个提取路径。[①] 认知访谈技术是一种记忆唤醒方法，它强调的是在非对抗性的环境中获取信息，在访谈框架中还要求访谈人和被访谈人建立“融洽”的关系，这样可降低陈述的风险。运用此方法可以帮助证人回忆案情，从而获取翔实准确的证人证言。[②]

2. 认知访谈法的主要程序

（1）重构原始情境。记忆心理学的研究结果表明，当证人陈述时的情境与其感知案情时的情境越相似，记忆的提取就会相对容易，提取的信息就会越全面、准确。因此，在询问证人关于案件的相关信息时，帮助证人重构案件发生时的原始情境，让其从心理上重建当初感知案件时的环境、认知、心理以及情绪状态等，有利于其对原始案件的提取。

（2）报告所有信息。鼓励证人报告能回忆起来的每个细节，即使是那些在证人看来并不重要的细节或是证人认为警察早已掌握的信息。证人在陈述时往往会作出选择，他们可能会隐去一些他们自认为不重要的信息或是不必说的信息，而这些证人忽略未做报告的信息也许是重要的。因此，应鼓励证人对任何信息都不要保留，报告所有感知的信息。

（3）以不同叙述方式或顺序回忆报告事件。对于案件信息可

① 参见莫然：《认知型侦查询问模式实证研究》，载《中国人民公安大学学报（社会科学版）》2015 年第 1 期。

② 参见毕惜茜、梁嘉龙：《英国侦查访谈技术探析及借鉴思考》，载《公安学研究》2020 年第 2 期。

以通过多种途径加以提取，当证人通过一种途径提取发生困难的时候，可以尝试通过不同途径来提问。如在询问案件经过时，可以从顺序的方式进行提问，也可以从倒序的方式进行提问。通过不断尝试提问的方向，可以有效地激活其对事件的完整记忆。

（4）以不同角度来回忆案情。在收集证言的过程中，可以尝试要求证人以不同角度来回忆案情，如想一想案件发生时，还有谁在场？他看到了什么？证人对事件感知包含了多种表象，引导证人从不同角度回忆案件，可以诱发出其他完整的表象。

美国的司法实践中已有运用认知访谈技术收集证言和开展辨认的情况。如2001年，美国新泽西州制定的《准备和执行照片辨认和真人列队辨认程序总检察官指南》就吸收了心理学关于记忆和认知访谈技术的成果。

（二）PEACE 访谈

认知访谈技术源于20世纪90年代的英国，其是运用非对抗模式，通过一系列建立在心理学基础上的访谈技术。认知访谈技术历经了几十年的发展，降低了虚假陈述的风险。此后研究者与司法实践人员不断探索，形成了一个涵盖培训、研究和发展的综合性项目方案，并逐步发展为以 PEACE 访谈模式为代表的包括自由回忆、改进的认知访谈、会话管理等种类繁多、各具特色的一系列访谈技术。[①] PEACE 访谈框架可用于犯罪嫌疑人访谈、证人访谈和被害人访谈。主要程序如图4－1所示。

① 参见毕惜茜、梁嘉龙：《英国侦查访谈技术探析及借鉴思考》，载《公安学研究》2020年第2期。

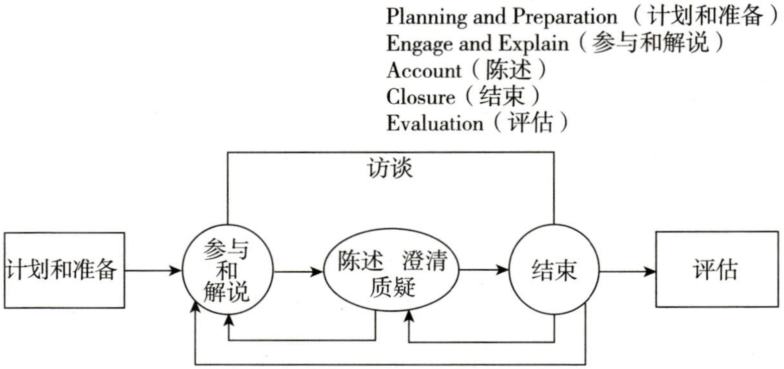

图 4－1　PEACE 访谈模型①

根据 PEACE 访谈模型,有效访谈的第一步是计划和准备(包括访谈的地点、环境、细节等)。访谈开始之前,访谈者准备得越充分,掌握的信息越全面,就能较好地掌控访谈的方向与进程。同时,访谈前必要与充分的准备,也能提升访谈者的信心与能力,对于提高访谈的效率也大有帮助。访谈前的计划与准备不到位,可能会使得访谈全面失败。第二步是参与和解说。这一个阶段的主要目的是与证人建立融洽的关系,最大限度地降低被访谈者的焦虑、抵触情绪,让被访谈者能够真正地参与到访谈进程中来。部分研究者认为访谈中建立融洽的关系,进行良好的人际沟通,是访谈获得成功最关键的要素。第三步是陈述。在这一个阶段,访谈者最主要的任务是倾听与记录。在被访谈者自由陈述的过程中,访谈者不应当随意地打断被访谈者,以最大程度地获取访谈者对事件的完整描述。当被访谈者陈述出现前后矛盾,或者觉知到被访

① 参见毕惜茜:《英国警察:从审讯到侦查访谈(下)》,载《现代世界警察》2020 年第 2 期。

谈者刻意隐瞒已知信息时,访谈者在必要的时候可以提出疑问,促使被访谈者作出真实的陈述。第四步是结束。在被访谈者充分陈述后,访谈者确保访谈内容涵盖了所有需要探讨的话题,应当对被访谈者的合作表示感谢,促成双方的积极合作态度,以便后续的进程中被访谈者仍愿意配合提供准确可靠的信息。第五步是评估。这一阶段是 PEACE 访谈的总结阶段。在这一阶段,访谈者应当对目标的达成度进行全面的评估,反思自己在此次访谈中的表现,考虑哪些方面可以作出改进,哪些方面可以进行弥补。

1. 自由回忆。对于愿意配合访谈,愿意作如实陈述的证人,应当尽量采用自由回忆的方式。自由回忆的方式可以最大限度地保障证人是基于自己的感知、记忆所作陈述,可以将访谈者对证人的影响降低到最小限度。当然在进行自由回忆时,访谈者也应当积极地促进被访谈者提供信息。自由回忆模式一般分为 6 个步骤:一是营造有利于证人自由回忆的情境,如环境的布置或以言语引导被访谈者重新构建事件发生时的场景。二是绘制草图和进行再次自由报告。访谈者可以根据访谈的实际情况来判断是否需要让证人进行再次自由报告。在第二次自由报告中,可以绘制证人回忆案件发生地点的草图以帮助他们回忆案件细节。三是确定目击主题。为了确保证人全面陈述案件的主要相关信息,在证人陈述后,访谈者应当系统性地提出一些问题,以确保证人已经竭尽全力回忆了案件的相关信息。四是拓展目击主题。在这一阶段,为了获得更多案件的细节,访谈者可以采用提问的方式来拓展目击主题。五是确定并拓展案件主题。访谈者应当明确哪些重要话题是证人陈述没有提及的,以及还有哪些话题是需要进一步阐明的。六是总结和书面证词。在这一个阶段,访谈者应当对访谈的过程、被访谈者的陈述作出全面的总结,应当与访谈者核对他们的陈述及要点,以确保访谈者准确领会证人的真实意思,并且将证人的陈述转化为书面证词。

2. 改进的认知访谈法

早期的认知访谈法源于心理学的实验室研究,其外部效度问题一直备受争议。部分学者和实践工作者认为与实验情境中的被试相比,真实案件中的目击者承受着更大的压力,其焦虑水平更高,而早期的认知访谈法并非一种结构化的访谈方法,并没有给出有关访谈流程的规定。此后,研究者逐步改进了认知访谈法,从而发展出了改进的认知访谈技术。

改进的认知访谈技术基于早期的认知访谈技术,其主要的原理本质上与早期的认知访谈技术一致,但改进后认知访谈技术更为关注访谈者与被访谈者之间融洽关系的构建,倡导访谈者的提问应与证人的感知相匹配,鼓励证人重构案件发生时的场景、提供保持回忆的能力。在整个访谈的过程中,访谈者可以提供额外的指导语,帮助证人回忆。

费希尔等人提出了改进后的认知访谈技术包括5个程序,早期认知访谈的4个程序纳入其中的1个程序。这5个程序是:(1)访谈者与被访谈者建立融洽的关系,最大限度地降低证人的抵触情绪;(2)倡导证人自由回忆,不随意打断证人的陈述,仔细倾听并记录,根据记录制定下一阶段的访谈计划;(3)使用早期认知访谈技术的4项程序,即重构原始情境、报告所有信息、以不同叙述方式或顺序回忆报告事件、以不同角度来回忆案情等方法回忆案件;(4)将访谈记录呈现给证人,请证人修改确认;(5)进行终止性访谈，根据前期访谈的情况及访谈者掌握的案件信息，向被访谈者提出一些具体的问题。[①]

3. 会话管理

实践中，并非所有的访谈对象都是积极合作的，针对那些不合作、沉默、有敌意、有隐瞒的访谈对象，采用自由访谈或改进前后的认知访谈并不能获得良好的效果。英国心理学家埃里克·谢波德(Eric Shepherd)根据多年的研究并结合司法实践，提出了会话管理。会话管理主要针对那些不合作的访谈对象。会话管理的方式，强调在访谈的早期，访谈者必须控制住局面，采用与合作证人不同的策略来管理访谈。[②] 对于不合作的访谈对象，会话管理模式主要采用结构化的访谈方式。在进行访谈之前，访谈者应当列出访谈提纲，采用结构化的提问方式，从访谈的一开始就让被访谈者的注意力集中于访谈内容。同时，会话管理模式也应当鼓励访谈对象提供关于事件的描述，访谈者也可利用掌握的案件信息，引导访谈的方向，在访谈者说谎或有意隐瞒案件信息时提出疑问。

(三)儿童认知访谈

在持续开展的访谈研究与实践中，研究者和实践工作者逐渐发现，现有的访谈方式并不适合儿童。与成年人相比，当被访谈者为儿童时，全面准确地收集证言会更困难。第一，儿童提取记忆线索的能力更弱。1995 年，斯维兹(Saywitz)的研究发现儿童并未发

① Fisher R. P., Geiselman R. E. & Amador M., *Field Test of the Cognitive Interview: Enhancing the Recollection of Actual Victims and Witnesses of Crime*, Journal of Applied Psychology, Vol. 74:5, p. 722 - 727 (1989).

② 参见毕惜茜：《英国警察：从审讯到侦查访谈(下)》，载《现代世界警察》2020 年第 2 期。

展出自我提示回忆线索以及自我组织回忆信息的策略，不能从记忆中提取很多有效信息。[①] 第二，儿童容易混淆现实与想象。相比成年人，儿童更容易生活在虚幻的世界里，将虚构事实或想象的事件误认为是亲身经历的。第三，儿童更容易受暗示。研究表明，相较于成年人，儿童的受暗示性更强，当访谈者采用不适当的提问方式或者重复提问时，都会对儿童产生暗示，儿童可能会因此改变自己的回答。第四，儿童的情绪更不稳定，抗压能力更弱。儿童身心发展不完全，还在自我形成过程中，对于外部的压力性事件更容易产生焦虑、抑郁的情绪。因此，向儿童收集证言，应当结合儿童的身心发展特点。

儿童认知访谈技术包括以下程序：(1)创造良好的询问环境，选择合适的访谈者。当访谈对象为儿童时，良好的询问环境和亲和的访谈者能够在第一时间降低儿童的焦虑、抵触情绪。在询问儿童证人时，应有儿童的监护人或其他合格的成年人在场，给予儿童证人以心理支持。一般应安排熟悉儿童心理、生理特征的访谈者。考虑到儿童心理比较脆弱，也可到儿童熟悉的地方进行询问。(2)建立融洽的合作关系。首先，要将访谈规则解释给儿童听，让其感受到尊重，并明白回答提问的规则。比如，不必迎合询问人员，不要猜测访谈者的询问意图，只需按照自己的感知报告即可。其次，访谈之初，可让儿童回忆一些中性的事件来提升儿童的记忆

---

① See Saywitz K. J. , *Improving Children's Testimony: The Question, the Answer, and the Environment*, In Zaragoza M S eds. , Memory and Testimony in the Child Witness, Thousands Oaks, CA: Sage, 1995, p. 113 – 140.

能力，增强其合作意愿及自信心。(3)运用访谈技术进行提问。引导儿童构建案件发生时的情境，报告所有的信息，采用不同的顺序、不同的角度回忆案情。适当的时候访谈者可以提出支持性的问题，帮助证人更好地回忆。访谈应适应儿童的节奏与方式，不要轻易打断被访谈者。(4)尽量避免不必要的暗示。在访谈的过程中，访谈者应当避免重复提问、反问式提问，在儿童回答过程中或回答结束时，不得给予言语或表情的反馈，以免误导儿童。(5)在儿童陈述发生困难时，可以采用角色扮演、玩偶辅助、绘画辅助等方式，帮助儿童更好地回忆。儿童的理解与表达能力要弱于成年人，对于一些儿童难以用语言描述的内容，采用这些辅助的方式能够更准确地理解和把握儿童所要陈述的内容。

在国外司法实践中，针对儿童证人的询问主要存在如下问题：询问准备工作不足，不能与儿童建立融洽的合作关系；询问场所不符合儿童特点，不能有效降低儿童的焦虑、抵触情绪；询问人员不专业，询问的方式不科学，暗示性较强；询问时间过长，访谈技巧使用较少，缺乏后续跟踪服务等。研究者针对司法实践中的问题，结合儿童的身心特点提出了儿童证人询问标准化建设的建议：加强儿童证人询问标准化的理论研究和机制建设；加快儿童证人询问过程和方法操作标准的制定；加大儿童证人询问标准化操作和方法技术的培训。①

① 参见王国帅：《儿童证人询问程序标准化的心理学研究》，中国人民公安大学2018年硕士学位论文，第34页。

三、有效收集证人证言的规则

国外研究者和实践工作者开展了大量关于各类访谈技术的研究与分析，司法实践中各类访谈技术的推广与适用也较为常见，并且取得了一定的成效。研究者从不同角度检验了各类访谈技术在保证证人证言的翔实性、准确性上的效力，并对之进行不断的修订和完善，使它成为一种提取准确证人证言的重要技术。① 但现有的研究还不够深入，对于各类访谈技术具体实施的情况和有效性的数据和科学验证尚待进一步考量。结合大量心理学研究的成果，研究者总结了收集证人证言过程中需要遵循的一些基本规则。

（一）建立良好合作关系

人们逐步认识到访谈者与证人之间良好合作关系的建立对于有效收集证人证言具有重要的作用。然而，实践中访谈者与证人之间良好合作关系的建立并不容易。首先，访谈者要从主观上树立“以证人为中心”的访谈理念，应当充分地尊重证人，最大限度地降低证人的抵触、不信任的情绪。其次，在访谈的过程中，让证人用自己的方式方法进行陈述，不要轻易打断证人，适当的时候要给予支持性的提问，帮助证人更好地回忆。避免为了快速收集证言，在证人没有充分陈述的情况下，访谈者即开始询问。在访谈的过程中，应保持对证人的信任，适当地对被访谈者做出回应。最后，在访谈结束时，对访谈者的合作表示感谢，充分沟通访谈过程

---

① 参见张启睿、舒华：《认知访谈技术研究进展》，载《华南师范大学学报（社会科学版）》2008 年第 5 期。

中存在的问题，征询被访谈者对于访谈的意见，告知后续存在进一步询问的可能，为后续的再次访谈建立基础。

在证人证言的收集过程中，访谈者与被访谈者应当是平等的，访谈技术不应是压迫性的，应当避免预设立场，访谈者不应以自己对于案件的理解来预设问题，引导访谈的方向，曲解证人的本意。因为符合伦理的访谈会使得双方居于平等地位，降低了虚假陈述的风险，可以收集到更为完整、准确且可靠的证言。

（二）规范证人证言的收集程序

1. 针对不同的证人采用不同的访谈策略

在访谈开始之前，访谈者应当对被访谈者进行初步的分类，根据已知的信息，确定应当采用的访谈策略。在使用访谈技术前，询问者应当对各类访谈技术有充分的了解，对于不同访谈技术的目的、方法、操作、注意事项等有充分的了解，掌握处理访谈中出现各类突发事件的能力。对于合作的证人，可以采用认知访谈或改进后的认知访谈技术，以证人的自由陈述为主，访谈者倾听并记录。根据证人陈述的内容，适当的时候，可以采用一些支持性的提问，帮助证人进一步回忆。对于不合作的证人，可以采用 PEACE 访谈中的会话管理。访谈者应掌握访谈的方向与进度，根据访谈者掌握的信息，提出相关的问题。当证人说谎或者隐瞒重要信息时，访谈者可以提出疑问，促使其提供准确的信息。

对于儿童证人，应当充分考虑儿童的身心发展，选择具有亲和力的访谈者，采用适合儿童接受能力的访谈方法和进度，从而降低儿童的焦虑、紧张情绪，将儿童的抵触心理降到最低，将访谈对儿童证人的不利影响降到最低。另外，对于一些有严重心理创伤的证人,应当充分做好安抚工作,避免这类证人因为回忆案件引发恐惧、焦虑情绪,避免对他们造成二次伤害。对于这类证人,要选择安全舒服的环境,在对证人进行充分的心理建设后,在证人能够接受询问的基础上再开展访谈。访谈时,不要求证人重构情境,在证人出现情绪波动、抗拒回忆的时候,应当暂停访谈。尽量避免提出可能引起证人情绪波动的问题,避免因再次体验案件带给证人伤害。

2. 选择不知情的询问者收集证言

司法实践中询问者对证人的暗示时有发生,很多时候询问者对证人造成的暗示是无意的,当询问者自己都没有意识到暗示的存在时,避免询问者对证人的暗示是不现实的。实践中,尽量减少诱导式询问的最好方法是让不知情的主持人来询问证人,这样可以避免由于主持人知道案件的相关情况而产生先入为主的观念,从而有意无意地给予证人以某种暗示。司法实践中引入"双盲程序"能够有效地避免暗示的发生。2017 年,科弗拉(Kovera)和伊芙洛(Evelo)的研究显示,采用双盲规则能够减少辨认主持人对目击者的影响,减少错误辨认。[①] 目前,部分国家在证人证言的收集过程中,也在推行"双盲程序"规则。

3. 降低证人辨认前描述的标准

研究表明,在证人辨认之前,要求证人对目击对象的面部做详细的描述可能会影响证人之后辨认的准确性。尽管关于"语词遮蔽效应"还未达到一致稳定的研究结果,但仍应引起研究者的重

① Kovera M. B. , & Evelo, A. J. , The Case for Double-Blind Lineup Administration, Psychology, Public Policy, and Law, Vol. 23, p. 421 - 437(2017).

视。对于辨认前询问目击对象的具体特征，主要是为了了解辨认人是否有真实感知案件的事实。因此，有学者提出辨认前描述标准可以适当地降低，辨认前可以让辨认者进行简单的描述，了解辨认者是否真实感知案件，但不要求对辨认对象的面部特征进行细致的陈述。在能够基本判断辨认者是案件的真实感知者的基础上，没有必要在辨认之前让其对面部特征进行详细的描述，因为这有可能会干扰之后的辨认。

4. 严格执行访谈程序

尽管各种访谈方式在具体的程序和实施上有所不同，但都建立在记忆心理学、认知心理学的基础上，其核心的实施要点大体是一致的。人的记忆是复杂的，提取记忆的线索是多方面的，提取情境与感知情境越相似，证人提取证言的准确性越高。因此，对于大多数的证人而言，在访谈时采用重构情境、报告所有的细节、采用不同的顺序、不同的角度来陈述都有利于全面有效地收集证人证言。

在证言收集的实施过程中，访谈者应当严格按照程序开展访谈。在运用各种访谈技术时，不得随意改变访谈程序、技术，因为这样会影响访谈的效果，应遵循以“确保准确为主，提高效率为辅”的基本原则。要娴熟使用各项技术，对于实践中的司法人员必须进行相关的理论和实践培训，使其理解各类访谈的操作和规则。司法人员应明确各类访谈技术的原理，对人类记忆的本质有清醒意识，理解和掌握必要的司法心理学和记忆心理学知识。

5. 全面、详细地记录证人的陈述

对于证人的陈述应当详细记录，询问者不应人为地忽略一些自己认为不重要的信息。对于细节信息的关注，一方面能够促使证人更全面、详细地提供证言,另一方面也可以使事后对于证人证言可信性进行分析时,有更全面详细的依据。警察并不具备了解、分析证人证言可信性影响因素的知识与能力,因此很多时候仅凭借警察的判断是危险的。将证人的陈述全面、详细地记录有助于有效地评估证人证言的可信性。

第二节　证人证言可信性的审查

证人证言的形成过程会受到各种因素的影响而产生错误,因此认识、理解人类记忆的脆弱性,有助于客观地看待证人证言可信性问题。在收集证言的过程中能够尽量地避免各种因素对证人证言可信性的影响固然重要,但在司法领域,裁判者对于证人证言可信性作出准确的判断才能最终实现司法公正。首先,在司法活动中,裁判者往往根据自身的知识经验来审查判断证人证言可采性和证明力。而研究与实践都证实,裁判者缺乏证人证言心理学的相关知识,有时不能有效地对证人证言可信性作出判断。证人证言与记忆密切相关,涉及多种特殊的心理现象。因此,对于证人证言可信性的审查判断,需要运用多学科的方法,特别是心理学的研究方法。其次,裁判者凭借自身经验和知识对证人证言进行审查判断,由于没有统一的标准,可能会出现不一样的裁判者对相同的证人证言作出不同的判断,这也会减损司法的权威性。最后,在面对各类纷繁复杂、良莠不齐的研究时,裁判者也往往不知道该如何选取有用的信息。

一、困境的源起

(一)裁判者缺乏判断证人证言可信性的相关知识

由于专业背景的不同,司法领域中的裁判者往往没有接受过系统心理学等学科的教育与培训。他们对于记忆的原理、影响因素等都是陌生的,也不了解心理学关于记忆的研究范式,对于心理学关于证人证言的研究方法知之甚少,不理解心理学工作者基于实证研究所呈现的数据,因此在面对证人证言可信性的审查判断时,裁判者仅依据自身的知识经验,往往不能作出准确的判断。大量研究表明,关于证人证言可信性的知识,法律工作者并不具有比普通人更多的知识。[①] 另外,在思想上,部分的裁判者对于心理学研究仍持排斥的态度,他们相信依据自己在司法活动中积累的知识、经验,足以对证人证言可信性作出准确的判断。

(二)证人证言可信性审查判断缺乏统一标准

法律赋予裁判者一定的权利,将证据可信性审查判断的权力交由裁判者。对于传统的、不涉及多学科知识的证据,裁判者一般能够凭借自身的知识经验做出准确判断。对于涉及需要采用多学科知识分析、理解的证据,裁判者却不足以把握。在司法领域中,证人证言可信性的审查判断没有统一的标准,实践操作往往比较混乱。不同的裁判者可能会对同一证人证言作出不同的可信性判

---

① Magnussen S. et al. ,*Beliefs about Factors Affecting the Reliability of Eyewitness Testimony: A Comparison of Judges, Jurors and the General Public*, Applied Cognitive Psychology, Vol. 24, p. 122 – 33 (2010).

断。证人证言涉及心理科学、神经科学等学科，对于证人证言可信性审查判断实际上是在寻求证据科学性认知和司法可操作性之间的平衡。缺乏统一的标准，会影响证人证言可信性的准确判断，进而也会影响司法公信力。心理学家对错误证言问题的关注由来已久，并进行了许多的调查与实验研究，他们在关于证人证言可信性的一些方面已经达成了一定的共识，可以利用心理学相关研究成果为裁判者对证人证言可信性判断提供一定的标准。

（三）裁判者缺乏有效的援引途径

心理学关于证人证言可信性的研究众多，良莠不齐。有时即便裁判者希望借助其他学科的研究帮助其作出有效判断，但在面对纷繁复杂的研究成果时，裁判者也往往不知该如何做出选择。由于专业背景的不同，法律工作者很少关注心理学等其他学科对于证人证言的研究，因此其也无从判断哪些研究是成熟、稳定的，是受到同行认可的。从实践应用的角度来说，亟须对已有的证人证言可信性研究进行梳理与总结，为裁判者审查判断提供有效的援引途径。

二、解决路径

制定一套切实可行的评估证人证言可信性的标准是一种最理想化的状态，但是无论从世界各国的经验来看，或者是从现有科技发展水平来看，暂时还无法提供系统完备规范的评估标准。面对具有多学科性质的证人证言，如何最大化地实现证人证言的价值，如何客观地对证人证言可信性作出判断，是当前亟待解决的问题。针对上述问题，国外学者提出了一些切实可行的建议。

（一）教育培训

裁判者关于证人证言心理学相关知识的欠缺是其不能有效审查判断证人证言可信性的主要原因之一。进入司法领域的大多数工作者毕业于法学专业，不论是在国外还是在国内，在法学专业中较少开设法庭科学、记忆心理学、辨认心理学、证人证言心理学等课程，法学专业的学生也很少接触统计方法、实证研究类课程。在继续教育层面，法律工作者也很少能接受上述课程的学习，实践类的教育培训（如认知访谈实操、陈述有效性评价技术实操等）更是鲜有涉及。

未来，高等法学院校法学专业的课程设置应当增加法庭科学、心理学、记忆心理学、法律实证研究方法、统计分析等课程的设置，让法科生了解记忆的原理，知晓记忆的脆弱性，形成科学研究的思维，从而了解科学研究的方法，理解科学结果的呈现方式。对于进入司法领域的工作者，也应该定期地开展培训，可以就证人证言可信性的一般问题开展专题培训，也可以定期开展实践操作类的培训，让法律工作者具备科学看待证人证言影响因素的能力，能够有效地借助心理学关于证人证言可信性的研究，基于自己的考量作出准确判断。

（二）参考手册

心理学关于证人证言可信性的研究成果众多，良莠不齐，并不是所有的研究都能够提供好的知识。如何去区分各类研究，选取有价值的研究结论，对于司法领域的工作者来说并不容易。即便证人证言可信性审查判断系统性、规范性的标准暂时难以确定，仍然需要一些规则和信息来帮助法律工作者作出准确的判断。目前最有效的方法之一是制定证人证言可信性问题的参考手册，帮助裁判者更好地理解科学研究,从而作出准确判断。

关于证人证言可信性的问题,心理学家进行了大量的研究,得出了许多很有价值的结论。但是对关于心理学的研究结论,人们一直持有怀疑态度,他们认为心理学的研究结论还不成熟、缺乏生态效度,认为心理学的研究对于司法实践而言没有价值。学者通过对心理学研究结论与真实案例的分析,发现两者存在着相当程度的一致性,因此认为心理学的研究结论具有一定的推广价值。可以将心理学关于证人证言可信性的相关研究分为三类,一是心理学家关于证人证言可信性具有稳定性的研究发现(如遗忘、暗示等)。这些研究结论相对成熟和稳定,对于司法实践具有指导作用。二是心理学家关于证人证言可信性研究所得出的与常识相反的结论(如自信心—准确性的关系、辨认前描述等)。长期以来,关于证人证言可信性的审查判断都是依据人们的经验进行判断的,而有的心理学研究结论与人们的经验恰恰相反,这些研究结论可能还没有达到稳定的程度,但是它能够给裁判者某种必要的警示,提高裁判者判断的审慎性。三是目前还不易作为评价参考的指标(如人格因素等)。通过向人们展示目前还不易作为评价证人证言可信性的参考指标,来防止不成熟的科学研究对裁判者的判断产生影响。证人证言心理学研究虽然获得了一些有价值的成果,但也存在一些固有的缺陷,因此在将心理学的研究结论推广到司法实践时,应当保持谨慎。

(三)人工智能辅助

人工智能与法律的结合已有数十年的历史,其中证据的审查判断是人工智能的一个重要应用领域。证人证言的形成蕴含心理学等学科的原理，对其审查判断需要具备专业的知识，非专业人士往往无法对其作出准确的判断。而人工智能介入证人证言可信性的审查判断，能够克服个人判断的差异性、主观性，在一定程度上统一证人证言可信性审查判断的依据，确保司法的公正性。同时，人工智能能够节约司法资源，减轻法律工作者的工作负荷。证人证言可信性的研究繁多，信息量很大，采用人工智能进行初步的梳理，做一些辅助性的工作，能够减轻司法人员的工作负荷。人工智能辅助科学证据审查的模式可以通过要素分割的路径来解决人脑知识和记忆的有限性，代之以人工智能的检索能力来减少司法人员的工作量。人工智能对人类的理性智能的扩展，不具备情感、信念、直接思维等，不可能像法律工作者一样去思考和判断。因此，人工智能对于证人证言可信性的审查判断只是辅助裁判者的工具。

（四）陪审团指示

英美法系国家实行陪审团制度[①]，陪审团指示的出现是为了帮助陪审团作出准确的判断。证人证言可信性涉及多学科的知识，理解和判断证人证言可信性都更为困难，有必要对陪审团予以指示。可以在审前呈现陪审团指示，这样可以使陪审员更早地关注记忆的脆弱性，提高对证人证言可信性影响因素的敏感性，在出现证人证言可信性问题时，及时进行推理与判断，而不是事后回想这些证据可能存在的问题。理想、有效的陪审团指示应当将那些抽

---

① 在英美法系国家陪审团是由普通公民组成，他们并不具备系统的法律知识，也不熟悉庭审流程，因此陪审团指示也就自然出现了。一般陪审团指示包含规范陪审团评估证据和判决案件的法律，但是这些指示通常并不十分详细。

象的科学原理、复杂的专业术语用一种不失原意的，普通公民能够理解的方式表达出来。

尽管我国没有陪审团制度，我国在试行的人民陪审员制度也不同于英美法系的陪审团制度，但是我国的人民陪审员也来源于各行各业，他们大多未受过系统的法学与心理学教育，不理解记忆的原理，对于证人证言可信性的影响因素知之甚少。因此，给予他们一定的指示是必要的。在审前的告知程序中将关于证人证言可信性的影响因素及存在的危险以指示的方式告知，使裁判者提高对证人证言易受污染的认识，以帮助其更好地作出判断。

第三节　心理学专家证人

心理学专家证人是指具有特定的心理学实践经验或专门的心理学知识对案件事实提出判断性意见的人。在国外，心理学专家证人提供的证言涉及内容广泛，包括创伤后应激障碍、受虐妇女综合征、精神状态的评估、证人证言可信性影响因素等，其中就证人证言的相关方面发表意见是专家证人最常涉及的内容。我国法律中规定的专家辅助人制度①与国外的心理学专家证人不完全相同，

① 2012 年修订的《刑事诉讼法》增加了“有专门知识的人”参与诉讼的条款，将原司法解释中早有规定的专家辅助人制度上升为法律，确立了我国的专家辅助人制度。2018 出台的最高人民检察院《关于指派、聘请有专门知识的人参与办案若干问题的规定(试行)》，明确了人民检察院在审查起诉阶段可以指派、聘请“有专门知识的人”参与办案，就案件中对定罪量刑有重大影响的专门性问题进行审查并出具审查意见。

但具有一定的相似性。我国《刑事诉讼法》第197条第2款规定，“公诉人、当事人和辩护人、诉讼代理人可以申请法庭通知有专门知识的人出庭，就鉴定人作出的鉴定意见提出意见”。但在司法实践中，专家辅助人的诉讼功能早已不限于对鉴定意见提出意见，其还会就案件的专门性问题提出意见，发挥类似于心理学专家证人的作用。就证人证言可信性问题而言，专家辅助人可以运用他们的专门知识或者长期积累下来的经验对证人证言形成的原理、过程进行分析解读，可以就与案件相关的证人证言可信性影响因素进行分析，帮助扩大和延长法律工作者的感知能力，进而使裁判者对证人证言可信性作出准确判断。

一、心理学专家证人的必要性

尽管关于心理学家是否能就证人证言可信性的研究结论提供专家证言一直存在着争论，但心理学研究为证人证言的收集、审查判断等提供了支持，提高了司法证明活动的科学性，心理学专家证人辅助司法是司法实践的必然选择。

（一）传统措施不足以保障证人证言可信性

证人证言是在诉讼中最常使用的证据之一，为了保障证人证言的可信性，司法实践中亦采用了各种制度来确保证人证言的可信性，但实践证明传统的措施并不足以保证证人证言可信性。在证人证言的收集阶段，尽管各国都有关于证人证言收集的一般性的规定，但这些规定对于证人证言的有效收集并没有起到很好的作用。由于法律工作者对于证人证言可信性因素没有足够的认识，在收集的过程中也没有明确具体的可操作性的程序规范，在收集阶段就存在证人证言受污染的可能性。心理学专家的介入,对于指导证言的有效收集,及时发现证人证言收集过程中的问题都具有重要作用。

对于证人证言的审查,由于法律工作者对于证人证言的形成、记忆的原理、记忆的脆弱性、证人证言可信性影响因素并没有足够的知识,采用交叉询问、陪审团指示等措施也不足以确保证人证言可信性。在交叉询问阶段,法律工作者很难对证人证言进行有效的询问、质证,难以从实质上发现证人证言可信性的问题。陪审团指示是国外司法中较常采用的方式,通过对陪审团的事先说明,提示其注意证人证言在形成过程中会受到很多因素的影响,在一定程度上可以提高陪审团对证人证言可信性的有效评估。但陪审团指示也存在一定的局限性。陪审团指示一般是对普遍性问题进行简单的说明,仅针对证人证言可信性的一般性问题做出简单的说明来提示陪审团注意。但每一个案件都是独特的、具体的,其中涉及的证人证言问题也不可能完全一致,因此仅依靠陪审团指示是不够的。而心理学专家证人既能够对证人证言的一般性问题作出说明,还可以根据裁判者的需要作出进一步的说明,可以就案件中证人证言特有的一些问题作出解读。

(二)提高裁判者的敏感性和审慎性

2006 年,施梅切尔(Schemechel)等人的研究显示裁判者不能很好地理解证人证言形成的过程。[①] 2007 年,雷佩(Leippe)和艾

① See Schmechel R. S. et al., *Beyond the Ken? Testing Jurors' Understanding of Eyewitness Reliability Evidence*, Jurimetrics, Vol. 46:2, p. 177 – 214 (2006).

森斯塔特(Eisenstadt)的研究发现,裁判者对于各类影响证人证言可信性的因素并不敏感。[①] 心理学专家证人可以就记忆的原理、证人证言的形成、各类因素对证人证言可信性的影响、侦查人员在收集证人证言中常见的错误、法律工作者对于证人证言可信性的错误信念、因错误采信证人证言导致的错判等进行阐释分析,从而提高裁判者对于证人证言可信性影响因素的敏感性。另外,专家证人往往具有丰富的学术背景和专业知识,这也会增加裁判者的重视程度,从而提高裁判者对证人证言可信性影响因素的重视程度。基于心理学专家证人的意见,裁判者在对证人证言可信性具有了一定理解的基础上,对证人证言可信性的审查也必将更为审慎与准确。

二、心理学专家证言的范围

(一)证人证言形成的原理

证人证言的形成经历感知、记忆、陈述 3 个阶段,并不是所有被人们感知的事件,都能够被人们记忆,并作出准确的陈述。在证人证言的形成过程中,存在大量影响证人证言可信性的因素。人类的记忆并不能像录像机一样准确无误地记录、呈现事件。心理学专家可以通过一些简单的例子,比如,让裁判者回忆上周三中午吃了什么?昨天开庭的证人穿着什么衣服?通过对这些简单问题的回忆,人们会很快地意识到,记忆并不像我们认为的那么准确,

---

① See Leippe M. R. & Eisenstadt D. , *Eyewitness Confidence and the Confidence Accuracy Relationship in Memory for People*, The Handbook of Eyewitness Psychology, Vol ii: Memory for People, Mahwah, NJ, US: Lawrence Erlbaum Associates Publishers, 2007, p. 377 – 425.

人们对于记忆的认知是存在错误的。

（二）证人证言的可采性

证人证言的可采性解决的是证据资格问题。比如，年幼的儿童是否具有作证的资格？年幼究竟是指多少岁？心理学专家证人可以通过向裁判者呈现心理学工作者关于年龄与证人证言可信性研究的成果与分析，帮助裁判者进行判断。另外，在证人证言的收集过程中，司法工作人员的不当行为亦可能影响证人证言的准确性。心理学专家证人可以对收集证人证言的行为作出分析，如果存在对证人证言可信性有重大影响的行为，可以提示裁判者注意，使裁判者充分考虑是否应该排除该证据。

（三）证人证言的证明力

心理学专家证人通过分析在案件中是否存在影响证人证言可信性的因素，这些因素是如何对证人证言可信性产生影响，以及这些因素在多大程度上影响证人证言可信性等问题，为裁判者的判断提供参考。心理学专家证人还可以向裁判者说明自信心与准确性之间的关系，提示裁判者注意并不是越自信的证人其所提供的证言就越准确，提示他们通过自信心来判断证人证言可信性是危险的。

（四）心理学研究方法及结果呈现

由于法律工作者往往不具备心理学的知识，其对于心理学研究的方法和结果的呈现不能很好地理解。心理学专家证人可以就心理学关于证人证言可信性的研究方法加以说明，对于实证研究的结果进行分析，对于呈现的研究数据进行深入的阐释，帮助法律工作者更好地理解证人证言可信性的相关问题，从而作出有效的审查判断。

（五）裁判者对证人证言的信念问题

裁判者对于证人证言存在错误的信念，比如，认为只要证人愿意如实供述就能提供准确的证言，越自信的证人，其所提供的证言越准确等。实践中，裁判者存在倚重证人证言的倾向，对于哪类证人比较可信，也存在固有的偏见。心理学专家证人通过呈现心理学的相关研究，使裁判者了解到这些错误信念的存在，从而提高裁判者审查判断的审慎性。

三、心理学专家证人的争论与发展

关于心理学专家证人的发展历史，可以追溯到 20 世纪初期。早在 1903 年，德国心理学家斯特恩（Stern）就一起性侵案件发表过专家意见。著名的心理学家敏斯特伯格（Münsterberg）开展了大量证人证言与感知觉、记忆的研究，引起了法律工作者的关注。他在《在证人席上》一书中说道，"……法官在法庭上不向心理学家咨询，不向心理学家请求对暗示进行的现代研究可以提供的所有帮助，就从事司法工作，这似乎是令人感到惊讶的"。[①] 而法学家威格摩尔对于敏斯特伯格等人的研究提出了严厉批评，他认为心理学的研究对于法庭几乎没有任何帮助。这一时期，心理学关于证人证言可信性的研究刚刚起步，随后的几十年，逐渐有学者投身到证人证言可信性的心理学研究中。但在 20 世纪 70 年代之前，司法领域对于心理学关于证人证言的研究基本持否定的态度，

---

① ［美］Lawrence S. Wrightsman：《司法心理学》，吴宗宪、林遐等译，中国轻工业出版社 2004 年版，第 14 页。

允许心理学专家证人提供专家证言的案件并不多见。

20世纪70年开始,随着记忆心理学的发展,越来越多的学者致力于证人证言的心理学研究,大量的研究成果涌现,心理学专家证人也更多地出现在法庭上。在这一时期,最著名的心理学专家证人莫过于美国的心理学家洛夫特斯,她长期致力于记忆研究,并努力将心理学的研究成果推向司法实践。1992年,洛夫特斯撰写的《辩方证人》(*Witness for the Defense*)一书记录了多起她作为专家证人出庭作证的案件,这其中就有部分案件法官采纳了心理学专家证言。随着证人证言心理学研究的蓬勃发展,法律工作者对于心理学研究的态度也悄然发生了改变,从原来绝对排斥到有条件的接受。当然,此后心理学专家证人走上法庭的道路也并非一帆风顺,质疑与争论一直没有停止。

关于心理学专家证人的质疑主要集中于以下几个方面:(1)心理学专家证言是常识。批评者认为心理学专家证人所提供的都是常识,法律工作者具备判断证人证言可信性的知识。(2)心理学研究与真实案件不同,不宜推广到司法实践。批评者认为心理学关于证人证言开展的研究都是在人为的实验条件下,并且多选取大学生作为被试,这与真实案件的实际情况相去甚远,心理学研究对于司法实践不具有指导性。(3)心理学专家证言不符合科学证据的标准。科学证据需要达到一定的标准才能进入法庭。评判者认为心理学专家证言不符合科学证据的基本标准,部分学者甚至认为心理学研究不属于科学研究。(4)心理学专家证人是不必要的。批评者认为司法实践中,现有的措施(如交叉询问、陪审团指示、律师在场等)已经足以保障证人证言可信性,因此引入心理学专家证人是不必要的。(5)心理学专家证人干扰司法裁决。批评者担心裁判者会盲从于具有丰富专业背景、扎实知识经验的专家证人,让专家成为“潜在的法官”,从而干扰司法裁决。

伴随批评与质疑,心理学工作者不断地完善研究,经过上百年的研究,证人证言的心理学研究已经形成了比较成熟的研究范式、理论假说。心理学工作者对证人主体状况的分析,对证人感知案件情况的分析,对收集证言过程的分析,对证人记忆过程的分析,对证人陈述证言过程的分析,能够帮助法律工作者更好地理解记忆的原理,亦能帮助法律工作者更好地判断证人证言是否受到过污染,从而作出证人证言是否可信的判断。从某种意义上说,心理学专家证人起到了对于法律工作者知识补充的作用。心理学专家证人运用自身的知识和经验,就其所熟悉的主题进行分析,以帮助其他人更好地理解证人证言可信性问题。英国《1999 年少年司法与刑事证据法》第 29 条规定了“通过中间人询问证人”,中间人包括翻译人员或法院准许的其他人员。一些特殊被询问者,其理解能力、交流能力,以及心理素质较一般被询问者更脆弱,如儿童。此时就需要借助其他人员,通常是心理学专家来帮助询问,促使儿童作出准确的辨认。相对于法官、辩护律师而言,心理学专家具有丰富的专业知识,更容易选择合适的言语同儿童交流,不会让儿童感到压力,也不会存在暗示性、诱导性的语言误导儿童,让其进行辨认。①

---

① 参见彭海青、赵雨惠:《儿童刑事辨认错误的原因及应对》,载《北外法学》2019 年第 1 期。

科学的发展离不开批评与质疑,批评者的质疑推动研究者不断地完善证人证言的心理学研究。在不断的探索中,心理学关于证人证言的研究也日益规范,从被试的选取、实验的操作到结果的分析,都日益趋向于采用规范化、标准化的科学研究模式,研究结论的价值也有了大幅度的提升。此外,学者们还采用现场模拟实验,选择不同群体的被试,来提高证人证言心理学研究的生态效度。亦有学者结合真实案件的档案分析来解决和确认文献和实证研究中的一些普遍性问题。对于真实案件的档案分析,可以弥补实验研究缺乏外部效度的问题,提高证人证言心理学研究的适用性和推广性。随着证人证言心理学研究的飞速发展,其对司法的涉入也日益加深。证人证言的心理学研究为司法活动提供便利的同时,也产生了一系列尚未解决的问题,比如,如何保证证人证言心理学研究的本意不被误解、其价值不被高估或低估,这是当前工作的重心。

本章小结

本章内容探讨了证人证言可信性的域外经验,共分为三节。第一节介绍了国外司法实践中证人证言收集过程中存在的主要问题。这些问题包括警察主导询问过程、缺乏询问技巧、诱导式询问、缺乏细节的记录、忽视收集证人证言的环境等。在询问过程中,这些问题的存在,降低了证人证言的全面性与准确性。针对证人证言收集过程中存在的问题,研究者提出了促进有效收集证人证言的访谈方式。其中认知访谈技术最受关注,在实践中的应用也最为广泛,其对于提高证人陈述完整性和准确性发挥了重要的作用。随后,学者在认知访谈理论的基础上,又发展出 PEACE 访谈、儿童认知访谈等技术,这些技术将认知访谈技术的核心内容纳入其中,其更注重访谈者与被访谈者良好关系的构建,强调针对不同的访谈者应当采用不同的访谈策略。基于司法实践中收集证人证言普遍存在的问题,结合各类访谈方式,在收集证人证言的过程中,应当遵循建立良好合作关系,针对不同的证人采用不同的访谈策略,严格执行访谈程序,选择不知情的询问者等规则,以促进证人证言收集的全面性和准确性。第二节介绍了域外证人证言可信性审查存在的问题及改进措施。裁判者缺乏证人证言可信性的知识,在审查时没有统一的标准及缺乏有效的援引途径,导致裁判者不能准确地对证人证言可信性作出审查。可以通过教育培训、提供参考手册、给予陪审团指示,以及借助人工智能的辅助,提高裁判者对于证人证言可信性的敏感性和审慎性,从而作出准确的判断。第三节介绍了域外心理学专家证人相关内容。尽管心理学专家证人一直伴随批评与质疑,但随着心理学研究的科学化、规范化,心理学专家证人的价值逐渐被人们所认识。心理学专家证人弥补了其他保障证人证言可信性措施的不足,心理学专家证人能够运用自身的知识和经验,帮助裁判者更好地理解证人证言可信性问题。

第五章

证人证言可信性的中国实践

证人虽具善智，兼具善意，然其所供述者，果能与事实之真相相符合否，实难断言。是故听讼之人有时不得以供述之具有善意，遂贸然信之，必须依据心理学之见解，以检其果有可观性否。

——马勃

2003 年的河南省淅川县张某生强奸案，侦查人员违反辨认程序导致错误辨认，又依据证人基于错误辨认提供的证言造成冤假错案。[①] 在张某生强奸案中，侦查人员不仅让受害人和其他三名证人同时对犯罪嫌疑人进行辨认，而且在辨认的过程中还进行了不当的暗示。当辨认人未指认张某生时，侦查人员提醒辨认人“你们要看清穿的鞋子”。而在当时只有张某生穿着沾有污泥的布棉鞋，其他 3 人都穿着皮鞋，因此 4 名辨认人最终指认了张某生。在此案中，辨认人显然受到了侦查人员言语的暗示，从某种意义上说，辨认人所作出的辨认结果不是根据自己的记忆，而是为了迎合侦查人员的预期。另外，在本案中，存在大量证据证明张某生没有作

① 由于没有官方公布的信息，案例内容综合媒体报道整理而成。

案时间，但都没有引起侦查人员的重视，这也从另一侧面说明人们对于证人证言的重视。

证人提供错误的证言，一方面是由于人类自身记忆的局限性，另一方面是由于侦查人员违反收集证言的程序以及对证人证言的轻信。我国现行的证人证言收集规则对实践有一定的指导作用，但也有一定的局限性。证人证言的易受感染性以及我国证人证言收集程序设置与证据运用存在的问题，也导致关于不可信的证人证言冤假错案时有发生。侦查部门如何组织询问活动、检察部门如何监督证人证言的收集程序、审判部门如何审查证人证言的证据效力等一系列问题，都需要从制度上进一步加以规范。

本章内容主要阐述在刑事诉讼的各个阶段我国关于证人证言可信性的相关规定及存在的问题。立足我国实践，结合国内外法学、心理学研究的最新成果，提出了在刑事诉讼中的各个阶段保障证人证言可信性的对策建议。民事诉讼和行政诉讼证人证言可信性问题的出路在一定程度上也可以予以参照。

第一节　侦查阶段的证人证言可信性

侦查阶段司法人员能否获得真实可信的证言对于案件的正确审理起着关键性的作用。一般情况下，侦查人员通过询问向证人了解案件的相关情况，收集证人证言。因此，在侦查阶段关于证人证言可信性问题的探讨主要集中于是否存在影响证人证言可信性的因素。在感知、记忆、陈述等各个阶段都存在着大量影响证人证言可信性的因素,因此,采用何种方式和程序来收集证人证言,以保障证人证言的可信性就显得尤为重要。在我国的司法实践中,侦查人员普遍对证人的询问技巧缺乏必要的关注,尤其是询问中的交流技巧更是处于被忽视的地位,这导致询问双方缺乏充分、有效的互动与交流,制约着证言提取的数量与质量。① 侦查阶段证人证言的收集主体主要是侦查人员,在本节中我们主要探讨侦查人员在收集证人证言时存在的问题和解决对策。

一、关于询问证人的相关规定

(一)询问证人的地点、形式和要求

《刑事诉讼法》第124条规定:"侦查人员询问证人,可以在现场进行,也可以到证人所在单位、住处或者证人提出的地点进行,在必要的时候,可以通知证人到人民检察院或者公安机关提供证言。在现场询问证人,应当出示工作证件,到证人所在单位、住处或者证人提出的地点询问证人,应当出示人民检察院或者公安机关的证明文件。询问证人应当个别进行。"《公安机关办理刑事案件程序规定》第210条规定:"询问证人、被害人,可以在现场进行,也可以到证人、被害人所在单位、住处或者证人、被害人提出的地点进行。在必要的时候,可以书面、电话或者当场通知证人、被害人到公安机关提供证言。询问证人、被害人应当个别进行。在现场询问证人、被害人,侦查人员应当出示人民警察证。到证人、被

---

① 参见方斌:《论侦查询问中的交流技巧——以证人和被害人为中心》,载《中国刑事法杂志》2013年第1期。

害人所在单位、住处或者证人、被害人提出的地点询问证人、被害人，应当经办案部门负责人批准，制作询问通知书。询问前，侦查人员应当出示询问通知书和人民警察证。"

上述法条对证人证言的收集地点、形式和要求作出了规定。从收集证言的地点来看，包括现场、证人所在单位、住处，证人提出的地点、人民检察院或者公安机关。从有利于及时收集、巩固证据的角度来看，现场收集距离证人感知案件的时间最为接近，此时证人的记忆是最清晰的。但现场询问证人，也存在现场环境比较混乱、证人证言容易受到其他因素的干扰等问题。侦查人员到证人所在单位、住处询问证人，有利于侦查人员及时了解证人的情况，有利于正确判断证人证言的可信性。到证人提出的地点进行询问，主要是由于证人存在某些顾虑，比如，不愿他人知道作证行为，害怕打击报复等，在证人提出的地点进行询问可以消除证人的顾虑，增加证人的安全感。通知证人到人民检察院或公安机关提供证言，主要是出于对证人安全的保护或是案件涉及国家秘密。询问证人的形式，相关法律法规均规定为个别询问。当同一案件有几个证人时，应当分别进行，当询问某一证人时，其他证人不能在场。采用这一形式可以防止证人之间的相互影响，保证证人证言的真实可信。在询问证人之前均要求出示工作证件或证明文件。

（二）询问证人的基本要求

1. 关于证人询问的一般规范

《刑事诉讼法》第125条规定："询问证人，应当告知他应当如实地提供证据、证言和有意作伪证或者隐匿罪证要负的法律责任。"《人民检察院刑事诉讼规则》第194条规定，"询问证人，应当问明证人的基本情况以及与当事人的关系，并且告知证人应当如实提供证据、证言和故意作伪证或者隐匿罪证应当承担的法律责任，但是不得向证人泄露案情，不得采用拘禁、暴力、威胁、引诱、欺骗以及其他非法方法获取证言”。《公安机关办理刑事案件程序规定》第211条规定：“询问前，应当了解证人、被害人的身份，证人、犯罪嫌疑人、被害人之间的关系。询问时，应当告知证人、被害人必须如实地提供证据、证言和有意作伪证或者隐匿罪证应负的法律责任。侦查人员不得向证人、被害人泄露案情或者表示对案件的看法，严禁使用暴力、威胁等非法方法询问证人、被害人。”

根据以上规定，侦查人员在询问证人时，应当告知其如实提供证言，否则应承担相应的法律责任。此规定对证人会形成一定的心理威慑，能够在一定程度防止证人提供伪证。此外，对于一些平时习惯夸大或缩小陈述的证人也会产生一定的心理压力，迫使其根据对案件的记忆如实提供证言。另外，上述规定也在一定程度上规范了侦查人员的取证方法，侦查人员询问证人必须符合法律的规范，不得采取非法的方式，这样有助于免除证人作证的恐惧心理。但从上述规定来看，关于在收集证言的过程中，侦查人员应当具体采用何种询问方式、是否可以采用诱导性询问、是否能够重复询问、询问的语气语调等都没有进行明确的规定。

2. 关于未成年证人询问的规范

《刑事诉讼法》第281条规定：“对于未成年人刑事案件，在讯问和审判的时候，应当通知未成年犯罪嫌疑人、被告人的法定代理人到场。无法通知、法定代理人不能到场或者法定代理人是共犯的，也可以通知未成年犯罪嫌疑人、被告人的其他成年亲属，所在学校、单位、居住地基层组织或者未成年人保护组织的代表到场，并将有关情况记录在案。到场的法定代理人可以代为行使未成年犯罪嫌疑人、被告人的诉讼权利。到场的法定代理人或者其他人员认为办案人员在讯问、审判中侵犯未成年人合法权益的，可以提出意见。讯问笔录、法庭笔录应当交给到场的法定代理人或者其他人员阅读或者向他宣读。讯问女性未成年犯罪嫌疑人，应当有女工作人员在场。审判未成年人刑事案件，未成年被告人最后陈述后，其法定代理人可以进行补充陈述。询问未成年被害人、证人，适用第一款、第二款、第三款的规定。"《人民检察院刑事诉讼规则》和《公安机关办理刑事案件程序》规定中也有类似的规定。

上述规定，体现了法律对于未成年证人的特别保护。未成年人由于心理的发育还未成熟，在询问未成年证人时，通知其法定代理人或其他合适成人到场，能够为未成年证人提供心理支持，有利于有效地收集证人证言。特别是对一些年龄尚小的儿童，法定代理人在场，儿童的情绪会稳定很多。从保护未成年女性的角度询问未成年女性证人时，要求有女工作人员在场。另外，为了确保询问笔录的记录符合未成年证人的本意，法律要求询问笔录应当交由法定代理人或者其他人员阅读或者向他宣读。到场的法定代理人或者其他人员认为办案人员在询问过程中存在侵犯未成年人合法权益的，可以提出意见。

3. 关于询问笔录的规范

《刑事诉讼法》第 124 条规定，"侦查人员询问证人，可以在现场进行，也可以到证人所在单位、住处或者证人提出的地点进行，在必要的时候，可以通知证人到人民检察院或者公安机关提供证言。在现场询问证人，应当出示工作证件，到证人所在单位、住处或者证人提出的地点询问证人，应当出示人民检察院或者公安机关的证明文件”。

侦查人员在询问证人的过程中，最主要的工作之一是听取和记录证人证言，但在听取和记录的过程中，也可能会受到侦查人员自身的专业知识、对案件了解情况、对于言语的理解等因素的影响，其记录的内容与证人提供的证言之间存在不符。因此，将询问笔录交由证人进行核对是十分必要的，这能最大程度地保证记录的内容符合证人的本意。

二、证人询问制度存在的问题

（一）询问没有以证人为中心

与国外的司法实践类似，在我国，侦查人员在询问证人的过程中同样普遍存在“以侦查需要为中心”的倾向，询问没有以证人为中心。这种倾向具体表现如下：侦查人员在询问过程中居于中心地位，以满足各种侦查需要为目的的提问主导着整个询问的进程，而作为询问对象的证人则被置于一个消极的、被动的，仅需对侦查人员的提问作出回答的从属地位的角色。[①] 侦查人员在询问的过程中，以自己的逻辑来组织提问，但往往侦查人员的逻辑与证人内在的记忆、检索逻辑是不同的，以侦查人员为中心的提问方式会干扰证人的回忆和陈述。询问以侦查为中心，也会导致询问过程中诱

① 参见方斌：《证人记忆匹配性询问模式构建——从侦查人员中心走向目击证人中心》，载《中国人民公安大学学报（社会科学版）》2017 年第 5 期。

导性询问的增多，并会影响侦查人员对证言记录的准确性。

（二）缺乏询问证人的具体方式的规范

证人提供证言是建立在侦查人员提问的基础之上的，在侦查人员提问之后，证人从记忆中检索出与所提问题相应的信息，然后用言语的形式表达出来。因此，如何规范证人的询问就显得尤为重要。我国的相关法律法规缺少如何询问证人的具体规范。[①]

另外，尽管我国相关法律有关于未成年证人的特殊保护，但对于询问未成年证人具体方法是否应当有别于成年人法律没有专门的规定。在我国，对于未成年证人的关注主要集中于在作证程序上予以特殊的规范，而缺乏对侦查询问程序的特殊规范。未成年证人身心的发育都还不成熟，在很多方面与成年证人有所差别，侦查人员往往缺乏询问未成年证人的技巧，以至于双方不能有效地沟通，最终导致无法获取真实可信的证人证言。

侦查过程中询问者采用何种询问方式会影响收集到的证人证言的数量与质量。一般情况下，主要有两种询问方式，一种是自由陈述询问法，另一种是提问法。自由陈述询问法是指询问人员对要询问的问题作出重点提示后，让证人就其所了解的与案件有关的情况进行系统陈述的一种问话方法。[②] 提问法是询问人员提出与案件相关的某个具体问题让证人回答。提问法主要可以分为开放式提问法（比如：你看到了什么？）、封闭式提问法（比如：你看到

① 参见莫然：《认知型侦查询问模式实证研究》，载《中国人民公安大学学报（社会科学版）》2015 年第 1 期。

② 参见程宏斌、莫永诚主编：《证人证言分析与判断操作指南》，中国人民公安大学出版社 2013 年版，第 146 页。

几个人?)、半封闭式提问法(比如:你看到的车子是白色的还是其他颜色?)。我国相关法律法规没有关于询问方式的具体规定,实践中侦查人员根据案件情况自主选择询问的方式。提问方式对证人证言可信性的影响主要体现在以下几个方面。

1. 提问的方式影响证人证言的质量。自由陈述询问法可以减少询问人员的询问对证人产生的干扰,让证人根据自己的记忆自由陈述,陈述的内容会更完整、连贯。但这种询问方法也存在一定的缺陷,比如,陈述往往不分主次、详略不当,有时也会遗漏一些重要的信息,往往也比较耗时。相反,提问法针对性较强,其能够在比较短的时间内收集更多的信息,但这一询问方式受询问者的影响较大。比如,采用开放式的提问方法和采用封闭式的提问方式,收集的证人证言数量和准确性就存在差异。1977 年,立普顿(Lipton)的研究显示,开放式的提问方式得到的信息准确率高,但是得到的关于细节的信息量较少。[①] 另外,重复提问对于证人也会产生较大的影响,询问者不断重复某个问题,会让证人怀疑自己之前就此问题陈述的准确性,影响证人的自信心。侦查人员提问的方式和态度影响并改变证人回忆信息的能力及其与侦查人员分享信息的意愿。[②] 此外,在询问中采用否定式的询问方式,比如,"你没看清犯罪嫌疑人穿着什么衣服,是吗"也会降低证人陈述的意愿以及对其证言的自信心。特别是对于年幼的儿

---

① See Lipton J. P. , *On the Psychology of Eyewitness Testimony*, Journal of Applied Psychology, Vol. 66, p. 79 – 89 (1977).

② 参见方斌:《论侦查询问中的交流技巧——以证人和被害人为中心》,载《中国刑事法杂志》2013 年第 1 期。

童，这种隐形的暗示也会影响其回答的准确性。

2. 不恰当的诱导式提问影响证人证言的准确性。侦查阶段往往都是由知悉案情的侦查人员询问证人，由于其已经接触过案情，侦查人员头脑中已经形成了对案件一定的判断。在收集证言的过程中，询问者的一些既有的判断可能会使他们产生某些偏见，而这些偏见会自觉不自觉地影响询问的过程。费希尔认为，警方调查员的诱导，将会导致过早地形成有关可能的作案人的结论，而这种过早的预感反过来又促使调查员认为询问和程序是有效的。[①]这种带有明显暗示色彩的诱导式询问对有效地收集证人证言十分不利。

3. 随意打断证人的回答影响有效地收集证人证言。在实践中，经常出现证人陈述时侦查人员打断证人陈述的情况。这可能是因为证人回答内容激发了侦查人员进一步探询相关信息的兴趣，而侦查人员又害怕随着询问的推进会忘记需要进一步探询的问题，故而打断证人进行提问。[②] 也有可能是因为侦查人员觉得证人的回答是不重要的，不符合自己对于案件的既有判断。随意打断证人的陈述，会导致证人的陈述意愿降低，阻碍其与询问者的交流，同时也会限制证人自由的回忆和流畅的表达，干扰证人提取与案件相关的信息。此外，在被侦查人员打断陈述后，证人还会陷入被动的状态，仅被动、机械地回答侦查人员的询问，不会主动去检

---

① 参见［美］Lawrence S. Wrightsman：《司法心理学》，吴宗宪，林遐等译，中国轻工业出版社 2004 年版，第 123 页。

② 参见方斌：《论侦查询问中的交流技巧——以证人和被害人为中心》，载《中国刑事法杂志》2013 年第 1 期。

索与案件相关的信息,这会减损证言的完整性。

(三)询问笔录制作不规范

询问笔录是指司法人员在刑事诉讼活动中,就询问证人、被害人的过程及内容所作的文字记录。证人证言一般通过司法人员的询问获得,但是我国对于询问笔录的形式和内容并没有具体的要求。在司法实践中,侦查人员询问证人时,询问笔录的记载较为简单。侦查人员在收集证人证言的过程中,往往比较关注自己认为重要的信息,在记录时常会忽略对细节的记录,也缺乏对于证人自信心的及时记录。在之后的司法程序中,如果证人不出庭,法官、检察官、律师等司法工作人员往往很难从询问笔录中了解案件的全面信息,或者说很难从询问笔录中发现问题。

三、完善侦查中的证人询问制度

如何科学有效地获取证言,如何科学地审查判断证言的证据能力和证明力,充分发挥证人证言在诉讼中的价值,这是一个亟待解决的问题。询问证人是一个有着特定目的的谈话过程,侦查人员以提问的方式引导证人提供与侦破案件相关的信息,进而发现侦查线索,并最终实现识别乃至缉捕犯罪嫌疑人的目标。[①] 目前,我国的相关询问制度还存在一些不合理的地方,不利于有效地收集证人证言,因此,我们应当加大力度加强对证人询问制度的完善。侦查中的证人询问制度可以从以下几个方面加以完善。

---

① 参见方斌:《证人记忆匹配性询问模式构建——从侦查人员中心走向目击证人中心》,载《中国人民公安大学学报(社会科学版)》2017 年第 5 期。

（一）提前告知询问程序

对于大多数证人来说，他们都是第一次接受询问，不了解询问的程序，常常会陷入紧张状态，并且在这一过程中证人常会猜测询问人员提问的意图。这种紧张的状态又会阻碍他们的记忆检索及自由陈述。因此，在询问之前，简单告知证人接受询问的原因、询问的程序、询问的基本原则等是十分必要的，这在很大程度上能消除证人的猜测，从而减轻证人的焦虑紧张。特别是对于儿童证人，介于其有限的言语能力以及其通常认为询问人员已经了解相关事实的心理预断，通常在回答问题时使用比较简短的语言。[①] 提前告知询问程序，可以让被询问者对于所要面临的询问有一定的心理准备，不至于过于紧张，对于整个询问程序的了解有利于证人更好地回忆和表达。

（二）询问应当以证人为中心

证人是提供证言的主体，证人证言依赖于证人这一主体。在侦查中询问者并没有感知案件，他们通过询问的方式得知案件的相关情况。从本质上来说，是否能有效地收集证人证言，依赖于证人对于案件的记忆与陈述，询问者只是引导者。因此，询问以证人为中心，而不是以侦查人员为中心就显得尤为重要。从根本上来讲，应当是由证人的记忆来主导询问的进程。为了鼓励证人更加积极、主动地参与交流，询问人员应当向证人传递这样一个信息，即询问人

① 参见方斌：《论侦查询问中的交流技巧——以证人和被害人为中心》，载《中国刑事法杂志》2013 年第 1 期。

员期待证人在询问中扮演一个更加主动、更加核心的角色。①

在前文中提到认知访谈技术的一个核心就是以证人为中心，该技术在国外的司法实践中已经有所运用，并且收到了一定的效果。在我国的侦查询问中，可以适当引入认知访谈技术。我国学者莫然对认知型侦查询问模式②进行了实验研究，结果发现认知询问模式较我国现有的侦查询问模式而言，在所获得的证言的准确性和完整性方面具有显著优势。③ 为获取证人对于案件最为详细、准确的描述，侦查人员在询问中应当努力实现询问技术的个别化，以便使自己的提问能够更好地适应每一个证人所拥有的独特的知识和技能。④

当然，在运用认知访谈技术时，首先，应对询问者进行一定的培训，让他们了解认知访谈技术的原理，掌握认知访谈技术的操作。其次，在询问的过程中，应当做到积极倾听，用目光、肢体语言向证人传递我在关注你所陈述内容的信号。

（三）规范询问程序

侦查人员的询问方式、发问的顺序、语气语调等都与证人证言的真实性、有效性密切相关。因此，需要对侦查人员的询问作出规范，以便更好地指引询问者进行有效的询问。

---

① 参见方斌：《论侦查询问中的交流技巧——以证人和被害人为中心》，载《中国刑事法杂志》2013 年第 1 期。

② 认知型侦查询问模式，即在侦查询问中采用认知访谈技术。

③ 参见莫然：《认知型侦查询问模式实证研究》，载《中国人民公安大学学报（社会科学版）》2015 年第 1 期。

④ 参见方斌：《证人记忆匹配性询问模式构建——从侦查人员中心走向目击证人中心》，载《中国人民公安大学学报（社会科学版）》2017 年第 5 期。

1. 一般原则。询问证人,一般应先让证人就他所知道的情况作连续的详细叙述,并问明所叙述的事实来源,然后根据其叙述结合案件中应当判明的事实和有关情节,向证人提出问题,让证人回答。在证人自由陈述阶段,应当让证人按照自己的方式和速度进行陈述,不得随意打断证人。在证人自由陈述完毕后,再根据证人陈述的内容提出问题。提问的方式应当以开放式提问为主,封闭式的提问方式为辅。封闭式提问方式作为补充提问的方式,只有证人在开放式问题的回答中没有包括侦查所需的相关信息时才能使用。[①] 询问的过程中,语气语调要轻松、平和。

2. 慎用诱导式询问。我国学者毕惜茜将诱导式询问分为积极的诱导和消极的诱导两类。积极诱导有助于证人恢复对案情的记忆,消极诱导会使证人出现虚假记忆或错误记忆。对于在侦查活动中的诱导式询问,《刑事诉讼法》和《公安机关办理刑事案件的程序规定》中缺少明确规定。[②] 在实践中,尽量减少消极诱导式询问的最好方法是让不知情的主持人来询问证人,这样就可以避免由于主持人知道案件的相关情况而产生先入为主的观念,从而有意无意地给予证人某种暗示的情况。

在司法实践中,并非所有诱导式询问都是不被允许的。比如,在证人的提取发生了困难,或者是在证人陈述后,为了得到一些更准确的信息,可以适当地采用诱导式询问。但是诱导性的问题必

---

① 参见方斌:《论侦查询问中的交流技巧——以证人和被害人为中心》,载《中国刑事法杂志》2013 年第 1 期。

② 参见毕惜茜:《论侦查中的诱导性询问》,载《公安大学学报》2000 年第 4 期。

须是有切实根据的。毕竟,诱导性询问带有很强的暗示性,在实践中应当尽量避免使用诱导性询问,以减少不必要的暗示。

3. 避免重复性提问和否定式的提问。在询问的过程中,不得出现重复性提问的情况,除非特殊情况需要确认证人的回答。一方面,重复性提问会使证人对自己的陈述产生怀疑,会认为自己的陈述不符合询问者的预期,有时在多次重复性提问后,证人会改变自己的证言,以迎合询问者。证人会猜测询问者是了解案情的,他重复询问某一个问题,一定是自己哪里记错了。另一方面,即便证人不改变自己的证言,对于自己所提供的证言的确信程度也会受到重复询问的影响。另外,否定式提问方式也不利于有效地收集证言,否定式的询问方式暗含有询问者的假设(比如,你没看清楚犯罪嫌疑人的长相,是吗),在一定程度上会迫使证人接受询问者的假设,特别是对于年幼的证人,这种暗示效果更为明显。

4. 不得出现其他可能误导证人的暗示。比如,在询问过程中,出现点头、摇头、摆手等,这些行为会在一定程度上影响证人证言的陈述以及证人的自信心。询问者在整个的询问过程中,语速语调应保持一致,以免证人受到干扰对询问者的意图作出猜测。避免询问者对证人产生不必要的暗示,可以采用国外司法实践中推行的"双盲程序"。

(四)规范询问未成年证人的特殊程序

询问未成年证人要特别注意前期与其建立信任关系,并且要及时调整询问的策略。我国学者莫然等人的研究表明,未成年人的表述不如成年人连贯,而且需要在完全信任询问人的情况下才会将诸多细节一一陈述,因此询问耗时会更多,询问者需要更加耐心和投入更多时间。[①] 另外,对于未成年证人,询问时应当适当减少追问。1991 年,美国学者沃伦(Warren),赫尔斯(Hulse),塔布斯(Tubbs)的研究表明,未成年人相对于成年人,其抗压能力较差,当在侦查过程中受到侦查人员不断的追问时,会产生较强的压迫感,从而影响他们对记忆的检索,不利于他们对于案件的陈述。[②]

(五)规范询问笔录的制作

证人证言通过询问的方式予以收集、记录,在证人不出庭的情况下,询问笔录是证人证言唯一的载体,询问笔录价值可见一斑。我们认为询问笔录不仅应当包含询问者、被询问者、内容、时间这些基本要素,还应当包括证言陈述时的更多细节,比如,询问的环境,证人陈述时的自信心等。另外,在询问过程中出现的任何问题,都应当无选择地记录在内。询问者应当全面、客观地记录询问的全过程,而不应当进行选择性地记录。询问者觉得无关紧要的信息,可能也会影响证人证言可信性。通过规范询问笔录的制作内容,可以减少询问笔录记录的随意性,使得司法人员的行为具有明确的指引。后续裁判者可以通过询问笔录获取更多的信息,从而有效地进行审查判断。

从有利于证人如实提供证言的角度来看,我们认为在侦查人员询问证人之前,应该征询证人的意见。在现场询问不便进行或者证人极端抵触的情况下,由证人在法律允许的地点中进行选择,

① 参见莫然、龙潭:《未成年证人侦查询问程序实证分析及构建》,载《青少年犯罪问题》2017 年第 4 期。

② See Warren A. R., Hulse T. K. & Tubbs E., *Inducing Resistance to Suggestibility in Children*, Law and Human Behavior, Vol. 15, p. 273 – 285 (1991).

而不是依侦查人员的便利来决定。在证人自主选择的地点进行询问,证人会更有熟悉感和安全感。当然,证人选择的地点也需要温馨、舒适,以利于证人与询问者的沟通。再者,关于心理环境的建构,我们认为可以引入认知访谈技术,在询问者的帮助下逐步引导证人建构起案发当时的情境。

(六)询问者与被询问者的就座位置、距离等

在心理咨询中,咨询者和被咨询者成90度角就座,而不是面对面地就座,原因是咨询者认为与被咨询者面对面就座,容易对被咨询者造成压力,不利于双方的沟通与交流。证人询问时,关于侦查人员与证人应当如何就座没有具体的规定,实践中侦查人员坐在证人对面询问证人的情况时有发生。建议采用心理咨询的做法,侦查人员与证人成90度角就座,以减轻证人压迫感,这样利于侦查人员与证人建立良性的沟通。另外,在询问时,侦查人员与证人之间的距离对于有效的沟通也会产生影响。1996年,霍尔(Hall)指出人和人之间的距离可以分为亲密距离(6~18英寸)、个人距离(18英寸~4英尺)、社交距离(4~12英尺)、公众距离(12~25英尺或无限远)四种。[①] 当侦查人员与证人处于社交距离时最有利于询问的进行。[②]

四、证人证言收集方法的中国探索

由于传统的询问模式并非以证人为中心,询问人员时常会打

---

① See Hall E. T., *The Hidden Dimension*, New York: Doubleday, 1996.

② 参见方斌:《论侦查询问中的交流技巧——以证人和被害人为中心》,载《中国刑事法杂志》2013年第1期。

断证人的回忆，这样容易使得证人从主动提取转向被动回答，只停留于机械地回答访谈者的提问。证人不积极地检索感知的案件信息，就会导致访谈者没有问及的信息被忽略，并且在这一过程中，如果访谈者错误的假设也可能会误导证人，这会降低证人证言的完整性和准确性。

相较于传统的询问模式，认知访谈、PEACE 访谈、儿童认知访谈等方法基于记忆心理学、认知心理学、人际沟通等理论，对于全面准确收集证人证言起到了一定作用，在一定程度上受到了研究者和实践工作者的认可。而对于认知访谈、PEACE 访谈、儿童认知访谈等模式的最大的负面评价在于其效率问题。新型的访谈模式强调以证人为中心，访谈的程序、节奏主要由证人控制，访谈者在访谈的过程中更多的工作是倾听记录、鼓励，因此访谈的效率无法保证，并且在这一阶段中，访谈者往往会觉得过于刻板而不能很好地发挥自身的主动性。同时，新兴的访谈模式对于访谈者的要求更高，访谈者需要具备心理学的知识，需要掌握人际沟通的技巧，需要对于各种访谈技巧有深入的理解。目前，对于访谈者的培训工作开展得还远远不够，实践中各类访谈的开展很大程度上取决于侦查人员个人的经验和技巧，整体上缺乏制度方面的规范化和程序化。①

在我国，研究者和实践工作者也逐渐意识到引入认知访谈、PEACE 访谈、儿童认知访谈等询问模式可以有效地提高证人证言

---

① 莫然：《认知型侦查询问模式实证研究》，载《中国人民公安大学学报（社会科学版）》2015 年第 1 期。

的完整性和准确性。中国司法领域的探索主要集中在以下几个方面：一是对于专业取证人员的培训。对于收集证人证言的人员开展定期培训，培训内容主要涉及记忆心理学、各种访谈方式、证人心理学等内容。通过培训让负责收集证人证言的人员理解记忆，了解即便亲身感知的事件，也并不一定能够形成完整准确的回忆。在感知、记忆、提取的过程中存在影响证人证言可信性的因素，传统的询问方式也存在弊端。因此，收集证言的过程应当以证人为中心，不应随意打断证人的回忆，在收集的过程中，采用各种访谈技术，促使证人准确回忆。首先，针对不同类型的证人应当采用不同的询问策略，相比较成人，儿童更容易受暗示、更容易焦虑。其次，掌握应对访谈者中各类问题的能力，比如，在证人发生提取困难时，如何帮助证人进一步回忆等；在访谈结束时，要进行评估，对访谈中的问题，下一步的工作做出总结与规划。二是构建“一站式”取证场所，建立专门的询问室，营造安全、轻松、温馨的氛围，使证人放松情绪，愿意表达，从而帮助证人最大程度地回忆与陈述感知的案件。对证人的询问应进行同步录音录像，建立司法系统的信息共享机制，尽量避免对证人多次重复询问引起证人的抵触情绪，或者对证人造成“二次伤害”。“一站式”取证方式在我国上海、江西等部分地区已经开展了试点，目前主要针对儿童证人展开。三是认知访谈等模式的引入。目前，在我国的司法实践中，认知访谈等模式开始引入并在实践中适用，在询问的过程中强调以证人为中心，由证人主导回忆的过程与节奏。但在我国，证人证言的收集过程是否采取认知访谈模式并非强制的，采用何种询问方式主要由访谈者确定。PEACE 访谈、儿童认知访谈等模式也受到了实践者的关注，访谈者与被访谈者良好合作关系的建立受到了普遍的关注，在实践中也有一定的推广适用。总体来说，上述认知访谈技术在司法实践中的应用并不多，适用的过程中欠缺规范性，也没有相应的评估机制，这在一定程度上影响了各类访谈技术的适用效果。

第二节　审查起诉阶段的证人证言可信性

证据审查是审查起诉阶段的核心工作，在审查起诉阶段如何审查证人证言的可信性，对于公诉人准确地提起公诉、避免冤假错案的发生有着重要的意义。在审查起诉阶段对于证人证言可信性的保障主要是通过检察人员对于证人证言的审查来实现。审查起诉阶段对于证人证言的审查是指对侦查人员在侦查阶段收集的证人证言进行分析研究，甄别其真伪，确定其证明力的大小。

一、证人证言可信性审查的相关规定及存在问题

《刑事诉讼法》第171条规定，人民检察院审查案件的时候，必须查明证据是否确实、充分。《人民检察院刑事诉讼规则》第330条规定，人民检察院审查移送起诉的案件，应当查明证据是否确实、充分，是否依法收集，有无应当排除非法证据的情形。这两者都是把证据的“确实、充分”作为审查的标准，但是并没有具体规定证据审查的形式和内容，也没有按照不同的法定证据类型分别规定相应的审查内容。

最高人民法院《关于适用〈中华人民共和国刑事诉讼法〉的解释》第87条对证人证言的审查内容作了具体的规定，“对证人证言应当着重审查以下内容：（一）证言的内容是否为证人直接感知；（二）证人作证时的年龄，认知、记忆和表达能力，生理和精神状态是否影响作证；（三）证人与案件当事人、案件处理结果有无利害关系；（四）询问证人是否个别进行；（五）询问笔录的制作、修改是否符合法律有关规定，是否注明询问的起止时间和地点，首次询问时是否告知证人有关权利义务和法律责任，证人对询问笔录是否核对确认；（六）询问未成年证人时，是否通知其法定代理人或者刑事诉讼法第二百八十一条第一款规定的合适成年人到场，有关人员是否到场；（七）有无以暴力、威胁等非法方法收集证人证言的情形；（八）证言之间以及与其他证据之间能否相互印证，有无矛盾；存在矛盾的，能否得到合理解释”。上述规定从证人主体条件、收集证言的规范、外界因素干扰以及证言与其他证据的关系等角度对审查起诉阶段如何审查证人证言作了一般性的规定。但总体来说，上述的规定较为笼统，相关人员在审查证人证言时，按照上述规定进行审查存在操作困难。比如，证人作证时的年龄、认知水平、记忆能力和表达能力，以及生理上和精神上的状态是否影响作证。因为检察官通常缺乏心理学的专业背景，对于证人证言可信性的影响因素的了解并不像人们所期待的那么充分，所以根据这一笼统的规定，让检察人员来审查证人的认知、记忆、表达等是否影响其作证，往往不能达到理想的效果。另外，有一些重要因素并没有规定在其中，比如自信心与准确性的关系、儿童的易受暗示性等。

在我国的司法实践中，证人证言大多以书面方式呈现，其准入资格几乎不受限制。证人证言的收集由侦查机关组织实施，而侦查活动是具有封闭性的，在我国，侦查阶段律师不得介入。此外，在这一阶段，检察机关对于侦查过程的指导作用也较为有限。询问笔录是侦查人员对于证人证言收集过程的记录，应当由侦查人员出庭接受交叉询问以验证其真实性。证人证言经过了两次主观经历，第一次是证人的感知、记忆、再认的过程，第二次是侦查人员的记录判断过程。而在司法实践中，仅仅以书面的方式呈现证人证言，审查主体也难以对证人证言进行实质性审查。

二、审查起诉阶段对证人证言可信性的审查内容

根据我国相关法律法规的规定，结合国内外关于证人证言可信性研究的最新成果，我们认为，在审查起诉阶段对证人证言可信性的审查主要可以从以下几个方面展开：

（一）收集证人证言的合法性审查

证人证言的收集主体、地点、程序是否合法都是必须审查的内容。收集证人证言时是否有两名侦查人员进行、侦查人员有没有出示身份证明、是否在法律规定的地点进行询问、有没有告知证人相关的权利义务及相应的法律责任、有没有采取威胁、引诱、欺骗的非法取证方式，以及是否对证人进行个别询问、笔录有没有经过证人签名确认、对于文盲证人是否有向其进行宣读等，这些都是审查的重点内容。收集证人证言的形式是否合法直接影响证人证言的可采性。

（二）收集证人证言具体方法的审查

我国相关法律没有具体规定收集证人证言必须采用哪种方式，然而询问者采用何种询问的方式、是否重复询问、询问时的语气语调等都会影响证人证言的可信性。由于询问的语气语调无法再现，一般情况下笔录中重复询问的内容也不会记录，因此检察人员在审查证人证言笔录时，要特别注意询问者的询问方式，如果发现询问笔录存在问题，可要求侦查机关提供询问视频，有必要的时候可以再次询问证人，以确保证人证言的可信性。

（三）证人主体资格的审查

证人必须是了解案件情况、能够辨别是非并能正确表达的自然人，生理上、精神上有缺陷或者年幼不能辨别是非、不能正确表达的人不能作为证人。在审查起诉阶段，检察人员首先应当审查证人是否符合法律规定的证人主体资格。我国法律并非一律排除生理上、精神上有缺陷或年幼证人的证人资格，主要是看其是否能辨别是非、正确表达。实践中公安机关移送的证人证言笔录违反证人主体资格的情况较少，偶有出现的是应当成为证人而没有制作证言笔录的情况。比如，某案件中 5 岁儿童的证言被公安机关以年幼为由直接排除，这是一种对证人主体资格认定的误解。是否具有证人资格应当看其是否能辨别是非，是否能正确表达，而不能单以年龄作为标准。

（四）证人证言的来源审查

一般情况下，证人直接感知案件形成的证言，证明力较强。证人非直接感知案件形成的证言，其证明力往往较弱。在证人直接感知案件的情况下，询问者要注意问清证人感知案件时的环境因素，如是否下雨、当时的光线情况、证人所处的位置、与感知对象的距离等。通过证人对当时外界环境因素的描述，也可以分析证人证言的可信性。对于证人非直接感知案件形成的证言，要问明证人是在何时何地听何人所说，问明是否有其他人在场，尽可能地寻找可以印证证人证言的其他证据。

（五）证人证言形成过程是否受外界因素干扰的审查

从证人感知案情到证人提供证言的这一过程，存在大量影响证人证言可信性的因素。检察机关必须审查证人证言形成过程是否受外界因素的干扰，比如，是否受同案其他证人的影响、是否受到媒体报道的影响、是否受到询问者不当的暗示，以及证人与案件、案件当事人的关系等。这些因素都会不同程度地影响证人证言的可信性。对于侦查人员收集证人证言的时间、地点、情况等都要仔细审查，从中可能发现是否存在干扰证人证言可信性的因素。

（六）证人证言与待证事实及其他证言的联系。

审查判断证人证言与待证事实是否存在关联，用以判断证人证言是否具有证据能力。在同一个案件中，证人证言与其他证据都是用以证明同一案件事实的，如果证人证言能与其他证据相互印证形成证据链，并得出唯一的结论，这说明证人证言是真实可信的。如果证人证言与其他证据相矛盾，则需要结合全案的证据作综合地审查判断。

第三节 庭审阶段的证人证言可信性

庭审阶段主要通过质证和认证来保障证人证言的可信性。我国刑事诉讼法规定证人证言必须经过质证,查证属实后才能作定案的根据。在庭审中对证人证言的质证一般通过询问的方式得以实现。庭审中的询问是指法官、公诉人和辩护人以及相关诉讼参与人依据法定的规则和方式,针对案件事实和情节向出庭证人进行的发问。[①] 目前,学术界关于询问证人的方式和技术的研究,主要集中在交叉询问制度上。认证,即证据的审核认定,是指审判人员在证明主体举证、质证的基础上,行使审判权利,依据法律规定和知识经验,对证据是否具有证据能力、有无证明力及其证明力大小予以审核和确定的活动。[②] 从上述概念我们可知,审判人员对于证人证言的认证是建立在举证、质证的基础之上,从本质上说是审判人员依据法律规定、知识经验对经过质证的证人证言进行的审查判断,用以确定其是否具有证据能力和证明力大小。

本节内容主要分析我国关于庭审中证人询问制度的相关规定及存在的问题,以及庭审中认证的相关规定及存在问题,并结合法学与心理学相关研究成果提出保障庭审中证人证言可信性的对策。

---

① 参见孙琳、于武强:《公诉人庭审询问技巧研讨》,载《政法学刊》2013 年第 5 期。

② 参见卞建林、谭世贵:《证据法学》,中国政法大学出版社 2014 年版,第 523 页。

一、庭审中证人询问制度的相关规定

（一）询问主体

《刑事诉讼法》第194条规定公诉人、当事人和辩护人、诉讼代理人经审判长许可，可以对证人、鉴定人发问。审判人员可以询问证人、鉴定人。从上述规定可以看出，在法庭上相关人员询问证人需经审判长的许可，可见在庭审中法官对于询问证人具有较大的职权。审判人员也可以询问证人，但是没有规定审判人员询问的内容、时间等。

（二）询问顺序

最高人民法院《关于适用〈中华人民共和国刑事诉讼法〉的解释》第259条规定："证人出庭后，一般先向法庭陈述证言；其后，经审判长许可，由申请通知证人出庭的一方发问，发问完毕后，对方也可以发问。法庭依职权通知证人出庭的，发问顺序由审判长根据案件情况确定。"《人民检察院刑事诉讼规则》第406条规定："证人在法庭上提供证言，公诉人应当按照审判长确定的顺序向证人发问。可以要求证人就其所了解的与案件有关的事实进行陈述，也可以直接发问。证人不能连贯陈述的，公诉人可以直接发问。向证人发问，应当针对证言中有遗漏、矛盾、模糊不清和有争议的内容，并着重围绕与定罪量刑紧密相关的事实进行。发问采取一问一答形式，提问应当简洁、清楚。证人进行虚假陈述的，应当通过发问澄清事实，必要时可以宣读在侦查、审查起诉阶段制作的该证人的证言笔录或者出示、宣读其他证据。当事人和辩护人、诉讼代理人向证人发问后，公诉人可以根据证人回答的情况，经审判长许可,再次向证人发问。询问鉴定人、有专门知识的人参照上述规定进行。"

由此可见,在庭审中向证人的发问顺序由审判长确定,一般是先由提请通知的一方进行,发问完毕后,经审判长准许,对方也可以发问。发问可以由证人作连贯陈述,也可采用提问法,并且应当采用一问一答的形式,必要的时候可以采用证言笔录、其他证据对证人进行询问。在一轮询问结束以后,经审判长的许可,可以再次询问证人。从以上规定可以看出,我国询问证人制度在理念上实现了职权主义与当事人主义的融合,初步建立起询问证人的基本原则,在法官的主持下控辩双方都可以对证人展开询问。因此,目前学者们普遍认为,在我国的刑事诉讼立法中,已经采用了具有抗辩式特点的询问方式,即主询问与交叉询问相结合的询问,这符合交叉询问的基本模式,同时询问顺序和询问方式的规定还体现出了一些交叉询问在技术方法上的重要特征,因而交叉询问制度实际上已经被引入中国。①

(三)询问规范

我国《刑事诉讼法》规定了与案件无关的问题应当禁止,但没有对关于是否可以采用诱导性问题的规定。最高人民法院《关于适用〈中华人民共和国刑事诉讼法〉的解释》第 261 条规定,"向证人发问应当遵循以下规则:(一)发问的内容应当与本案事实有关;(二)不得以诱导方式发问;(三)不得威胁证人;(四)不得损害

① 参见峥嵘:《刑事庭审询问证人制度实证研究报告》,载中国法院网 2017 年 1 月 18 日,https://www.chinacourt.org/article/detail/2017/01/id/2516422.shtml。

证人的人格尊严。……”;第262条规定:“控辩双方的讯问、发问方式不当或者内容与本案无关的,对方可以提出异议,申请审判长制止,审判长应当判明情况予以支持或者驳回;对方未提出异议的,审判长也可以根据情况予以制止。”最高人民法院的解释对于诱导性询问是一律禁止的,并且不区分是主询问还是反询问。关于此规定,理论界和实务界都存在一些质疑,认为无条件地禁止诱导性询问,对充分行使询问权造成了巨大的阻碍。

《人民检察院刑事诉讼规则》第402条:“讯问被告人、询问证人不得采取可能影响陈述或者证言客观真实的诱导性发问以及其他不当发问方式。辩护人向被告人或者证人进行诱导性发问以及其他不当发问可能影响陈述或者证言的客观真实的,公诉人可以要求审判长制止或者要求对该项陈述或者证言不予采纳……”《人民检察院刑事诉讼规则》对于诱导性询问并没有一律禁止,禁止的是影响证言客观真实的诱导性询问。但此规定在庭审中并没有得到很好的运用,最主要原因在于庭审的进程、方向主要由审判人员控制。《人民检察院刑事诉讼规则》对于法官没有实质的约束力,在实践中,大多数法官还是遵循最高人民法院关于禁止诱导性询问的司法解释。另外,该规定也较笼统,操作性不强,对于哪些是影响证言客观真实的诱导性询问,公诉人、辩护人、法官等往往都不能准确地把握。

二、庭审中证人询问制度的缺陷及原因

(一)证人不出庭导致询问程序无法运行

证人出庭作证是保障庭审中调查收集证据、举证、质证、认证

的重要基础。证人不出庭会使询问证人的程序缺乏运行的基础。长期以来,受案卷中心主义、证人出庭率低等因素影响,庭审中询问证人环节实际效果并不理想。我国刑事诉讼法规定证人有作证的义务,证人证言必须经过控辩双方的质证,但因对证人出庭作证没有刚性规则,以至于在实践中控辩双方常常根据各自的需要来决定是否申请证人出庭。客观上,以宣读证人笔录代替证人出庭作证较为常见,这使得证人证言的证明价值不易被动摇,庭审活动也看似更加顺利、高效。但这种庭审的顺利与高效是以牺牲控辩双方的质证权、加大证人证言的危险性为代价的。证人不出庭,证人证言中的不实之处、矛盾之处很难被发现,一旦证人证言出现问题,整个证据体系就岌岌可危。证人证言只有在庭审中经过控辩双方的交叉询问才能得到有效的审查检验。因此,要解决庭审中询问制度缺陷的前提条件是规范证人出庭作证。

(二)法官的职权作用较大

受职权主义的影响,庭审中法官在一定程度上仍然居于中心地位,不仅是询问的主体,在一定程度上还控制着庭审的发展。依照我国法律的规定,控辩双方对证人的询问均需要获得法官的许可。另外,我国现行刑事诉讼法对询问证人过程中当事人可以提出异议的理由规定较笼统,"与本案无关"和"发问方式不当"两项法定当事人异议理由因赋予法官过大的异议裁量权,不能有效规范交叉询问中双方当事人的提问,不能发挥异议规则的制度功能。[①] 并且

① 参见峥嵘:《刑事庭审询问证人制度实证研究报告》,载中国法院网2017年1月18日,https://www.chinacourt.org/article/detail/2017/01/id/2516422.shtml。

对于法官发问的时间也没有具体的规定,实践中出现法官打断双方当事人自行发问或出现在申请方发问之前直接向证人发问的情况,这影响了质证的效果。此外,在我国,法官的调查职权较大而且缺乏必要的限制,[①]在一定程度上限制了控辩双方的质证权,这不利于对证人证言进行有效的质证。

(三)缺乏对询问证人的范围、具体方式的规定

我国刑事诉讼法只对法庭询问证人的程序作了原则性的规定,基本没有涉及询问的范围、询问的方式等具体的内容。最高人民法院的司法解释和最高人民检察院的司法解释虽然进行了相应的规制,但总的来说还是较笼统,缺乏可操作性。因对相关规定中"与本案无关"及"不当发问方式"等难以认定,实践中控辩双方的把握标准往往并不一致,不同法官对于"与本案无关"或"发问方式不当"的理解和把握也不一致。

从规范层面上,最高人民法院的司法解释中禁止诱导性询问的规定不利于有效地质证,最高人民检察院禁止虚假、错误诱导性询问的规定较笼统,操作性不强。另外,根据最高人民法院《关于适用〈中华人民共和国刑事诉讼法〉的解释》第 262 条之规定,若发问方式不当,审判长既可以依相对方的异议予以制止,也可以依职权主动予以制止。这一规定得以实施的前提是控辩双方或审判长对于诱导性问题要有准确的判断,但有时相关的法律工作者并不能准确判断诱导性问题。根据学者李冉毅对庭审中诱导性提问的调查结果发现,在 13 次不当诱导性询问中,只有 4 次被提出异

① 参见龙宗智:《相对合理主义》,中国政法大学出版社 1999 年版,第 233 ~ 235 页。

议或制止,另外有2次针对合理诱导性询问的异议,法官也同样予以了支持。[①] 出现这一现象的原因,一方面与法律工作者的专业知识、技术方法等有一定的关系,另一方面与我国缺乏询问证人的科学规则是相关的。

(四)庭审质证无法有效开展

在庭审中,证人通常不出庭,而通过书面的证人证言,法律工作者很难发现证人证言是否受到污染,庭审无法开展有效的质证。另外,目前庭审过程中关于书面证人证言的阐释工作也不尽如人意,证人证言的收集者几乎不出庭,庭审质证虚化、庭审缺乏对抗性等问题都制约了发现真实的效果。[②] 我国的司法实践中证人证言通常以书面形式在法庭上予以宣读,这也限制了庭审质证的有效开展。

当证人证言可信性受到当事人质疑和挑战时,要求证人出庭,要求证人证言的收集者出庭解释,这能够有效地帮助法律工作者还原证人证言的真实面貌,并在此基础上形成自己的判断。[③] 因此,在诉讼体制改革下,如何开展对证人证言的有效质证,实现庭审实质化,让证人证言经得起法律和历史的检验,是当前司法面临的重要议题。

---

① 参见李冉毅:《诱导性询问规则研究——以刑事诉讼为视角》,西南政法大学2014年硕士学位论文,第40页。

② 参见谢步高:《刑事错案中科学证据相关问题的实证分析及其控制路径》,载《中国司法鉴定》2020年第6期。

③ 参见金自宁:《作为科学证据的环境损害鉴定评估——基于环境司法案例的考察》,载《法学评论》2021年第5期。

（五）与交叉询问相配套的制度未建立

尽管我国的庭审还具有一定的职权主义色彩，大多数学者认为我国在一定程度上已经建立了交叉询问制度，但是与交叉询问制度相配套的一些制度并未建立，这也导致交叉询问不能很好地发挥作用。在我国，由于没有建立传闻证据规则，以及司法实践中对书面证言的运用缺乏限制，导致证人出庭率较低，交叉询问制度难以落到实处。①

三、证人证言认证的相关规定及存在的问题

（一）证人证言认证的相关规定

庭审中对证人证言的认证，指的是审判人员在证明主体举证、质证的基础上，依据法律规定和知识经验，对证人证言是否具有证据能力、有无证明力及其证明力大小予以审核、确定的活动。我国刑事诉讼法规定，证据必须经过查证属实，才能作为定案的根据。由此可见，用以认定案情的证人证言必须经过查证属实，达到确实的要求。具体来说，在审判阶段，证人应当出庭作证，证人证言必须在法庭上经过当事人双方的询问、质证和查实。对于未到庭证人的证言笔录应当当庭宣读并听取双方当事人以及辩护人或诉讼代理人的意见。

但审判人员在对证人证言进行认证时，究竟应当审查哪些内容，刑事诉讼法对此没有具体的规定，最高人民法院《关于适用

---

① 参见峥嵘：《刑事庭审询问证人制度实证研究报告》，载中国法院网 2017 年 1 月 18 日，https://www.chinacourt.org/article/detail/2017/01/id/2516422.shtml。

〈中华人民共和国刑事诉讼法〉的解释》第 87 条从证人的感知、证人的主体情况、利害关系、询问证人的方式、询问笔录、未成年证人证言的收集方式,以及与其他证据的印证关系等方面加以规定。最高人民法院《关于适用〈中华人民共和国刑事诉讼法〉的解释》第 88 条规定:“处于明显醉酒、中毒或者麻醉等状态,不能正常感知或者正确表达的证人所提供的证言,不得作为证据使用。证人的猜测性、评论性、推断性的证言,不得作为证据使用,但根据一般生活经验判断符合事实的除外。”从上述规定可以看出,对于证人证言的审查主要是围绕着证据的“三性”即真实性、相关性和合法性展开的。具体来说,对于证人证言的审查主要从证人感知案件的来源、证人自身的能力、与案件的关系、询问程序是否合法、证言与其他证据之间是否相互印证等方面加以审查。

(二)证人证言认证存在的问题

最高人民法院《关于适用〈中华人民共和国刑事诉讼法〉的解释》已经对证人证言应当审查的内容作了一定的规定,但是在实际案例中,法官还是时常难以遵循以上规定对证人证言作出准确的认证。一方面是因为有些内容的表述仍较为抽象,法官难以准确把握。比如,证人作证时的年龄、认知、记忆和表达能力、生理和精神状态是否影响作证。年龄、认知、记忆、表达、生理、精神状态在什么情况下会对证言产生影响,在多大程度上会影响证人证言的准确性?法官从上述的规定中并不能找到答案。另一方面是因为上述规定应当审查的内容对于认证证人证言是不够的。比如,询问者采取何种收集证言的方式会影响证人证言的准确性,在最高人民法院的解释中没有提及应当审查证人证言的收集方式。由于法官、检察官、律师等法律工作者缺乏证人证言可信性的相关知识，也缺少询问证人证言的技巧，其依据目前关于证人证言的相关法律规定，很难做到有效的质证并在此基础上审查认定证人证言。

另外，最高人民法院的司法解释排斥证人对于案件的意见性表达也不利于对证人证言的有效认证。根据目前的法律规范，证人所提供的证言应当是关于案件事实的客观陈述，对案情的判断、猜测、推断等意见性表达都不是证言的内容。但很多时候证人的意见性表达与案件的事实之间是很难区分的。此外，人们在感知案件的过程中，总是会以自己的知识经验进行补充，这在一定程度上也是一种推测。正如美国法官汉德（Hand）曾经指出，“每一个有审判经验的法官一次又一次地看到，由于坚持要求证人按照他不能遵行的方式作证，整个故事被曲解。因为像绝大多数人一样，他意识不到推断进入其感知的程度。他是在按他所知道的唯一方式在叙说‘事实’，对其进行责备、纠正的结果往往是全面地抑制了他，而这通常确实是对之进行责备、纠正的目的”。[①] 尽管法律规定有根据一般生活经验判断符合事实的除外的规定，但这一规定较笼统，对于哪些是属于一般生活经验的判断，每个人的判断可能是不一样的。

四、庭审中保障证人证言可信性的对策

（一）建构我国刑事证人出庭作证的模式

证人出庭作证是贯彻审判公开原则、质证原则和直接言词原

① 王进喜：《刑事证人证言论》，中国政法大学 2001 年博士学位论文，第 196 页。

则的必然要求。一方面,证人出庭作证接受控辩双方、法官的询问和质证,有利于发现证人证言中的不实之处、矛盾之处,有利于辨别证人证言的真伪,从而作出准确的判断。另一方面,法庭也可以通过观察证人作证时的表情和姿态来判断证言的真伪,体现庭审的直接言词原则。[①] 目前,理论界和实务界普遍认可证人出庭作证的价值。但在司法实践中,书面证言代替证人出庭已经成为常态,并且书面证言的效力一般也能得到认可。

我国的刑事诉讼构造与英美法系国家的审判中心主义有较大的不同,我国的法官裁判案件所要考虑的证据信息比英美法系国家的法官考虑的信息要宽泛很多,我国法官对于证据的认定并不仅仅依赖于控辩双方对于证据的质证。另外,受制于法院的司法资源有限,目前强制要求所有证人出庭作证并不符合我国的国情。基于以上考虑,我们建议建构异议证言证人出庭作证的模式。当控辩双方对证人证言的证据能力和证明力有异议时,要求证人必须出庭作证。

我国《刑事诉讼法》第 192 条规定,“公诉人、当事人或者辩护人、诉讼代理人对证人证言有异议,且该证人证言对案件定罪量刑有重大影响,人民法院认为证人有必要出庭作证的,证人应当出庭作证”。实践中,法官对于“影响重大”“有必要”的把握并没有统一的标准,这使得他们会消极地运用《刑事诉讼法》所赋予的强制证人出庭的权利。证人出庭作证有利于保障控辩双方对于证言的质证和辩论的机会,符合程序正义的要求。因此,我们认为只要控

① 参见孙琳、于武强:《公诉人庭审询问技巧研讨》,载《政法学刊》2013 年第 5 期。

辩双方对证人证言有异议,证人就应当出庭作证。

另外,考虑到未成年人的身心发展还没有完全成熟,出于对未成年人的保护,未成年证人一般可不出庭作证,如确需出庭的,应当采取相应的保护措施,如采用隔离、视频等方式。

(二)弱化法官的职权色彩

经过多年的刑事裁判改革,庭审中法官中心主义已经有所弱化,但其仍具有一定的职权主义色彩。法官作为听审者和居中裁判者,其职权主义的色彩应当弱化。在询问证人方面,审判人员最主要的工作应当是核实证人身份和告知作证权利义务和法律责任,对于证人的询问应当主要由控辩双方进行。另外,应当严格限制法官询问证人的时间节点。法官的询问应当作为一种补充的手段,应将其限制在控辩双方发问完毕后,不得出现在控辩双方发问前,也不得随意打断控辩双发的询问,以免出现法官主导询问的方向,丧失法官的中立地位。法官主导庭审不利于控辩双方对证人证言的质证,也不利于法官以质证为基础对证人证言可信性作出准确的判断。

(三)规范庭审询问方式

实践中,对证人证言的甄别并不容易,这不仅涉及证人证言是否与案件客观事实一致,证人对案件细节的表达是否精确,证人所作的陈述是否受到不当干扰,证人所见所闻是否存在认识错误或主观推断,是否存在虚假陈述等实质性问题,还涉及询问证人的场景、发问的顺序、发问的方式等技巧性问题,与证人证言的真实性、有效性密切相关,这就需要一套证人询问制度来确保证人出庭作证的规范性，提高证人出庭作证的有效性。[1]

我国目前缺乏庭审询问的具体规范，如何通过询问发现证人作证时是否有失偏颇，证人证言是否存在矛盾与不实之处是一个亟待解决的问题。从有利于获得真实可信的证人证言的角度出发，我们建议询问证人采取叙述式和问答式相结合的方法。在主询问时，先由主询问方请证人对于所知悉的案件事实作陈述，然后再根据具体的情况作补充提问，采用一问一答的方式，主询问原则上禁止诱导式询问，但能够帮助证人恢复记忆的诱导式询问除外；在反询问时，根据证人的陈述、主询问方的问题和证人的回答，有针对性地提问，采用一问一答的方式，在反询问中一般允许反询问方采取诱导式询问。

首先，采用开放式的问题让证人对案件作整体的陈述有利于控辩双方、法官对证人证言产生全面的认识，此时证人的陈述基本不受控辩双方提问的影响，更符合自身表达的习惯，通过观察证人的陈述，控辩双方、法官可以通过证人的言语、表情、语气语调等来判断证人证言的可信性。其次，主询问方再次提问，一般是为了明确或是补充证人陈述中含混不清或者没有提及的内容，以便证人证言在法庭上得以更完整清晰地呈现。主询问中，证人一般为己方证人，一般不会与主询问方处于敌对状态，因此，原则上在主询问中应当禁止诱导式询问。只有当证人出现回忆困难需要帮助证人恢复记忆时才可采用诱导式询问。再次，在反询问中，询问者是

---

① 参见峥嵘：《刑事庭审询问证人制度实证研究报告》，载中国法院网 2017 年 1 月 18 日，https://www.chinacourt.org/article/detail/2017/01/id/2516422.shtml。

向对方的证人发问，他们之间往往处于敌对状态，通过诱导使得证人作伪证的可能性很小，这时通过诱导式询问可以揭露证人证言的矛盾之处、不实之处，对证人证言的真伪加以检验，或者借此对证人证言的可信性提出疑问。最后，无论是在主询问中还是在反询问中，都采取一问一答的方式，这样有利于证人理解和回答相关问题，使多个问题之间不至于发生混淆和感染，同时有利于控辩双方、法官对于证人证言可信性的审查。

（四）确立传闻证据规则

传闻证据规则是指任何证人所提供的包含他人先前陈述的证据，如果提出该证据的目的是证明某人以前所说的事实为真，则该证据是不可采的。[①] 传闻证据受陈述者的感知、记忆、表达以及诚信程度的影响，极易在传递和描述的过程中发生偏差。此外，传闻证据由于其未经宣誓，未经法庭质证，法官、控辩双方不能观察证人的表情、神态、动作等，因此无法对其可信性作出判断。在我国原则上确立传闻证据规则是十分必要的，这有利于改变目前以书面证言代替证人出庭的现状，从而推进以审判为中心的刑事诉讼改革。当然，传闻证据规则的确立必然有例外的存在，比如，出现无法出庭和没有必要出庭的情况。

（五）重视证人的意见性陈述

很多时候证人的意见与其感知是紧密相连的，要做到绝对的区分是不现实的。审判人员在审查证人证言的过程中，首先应当区分意见性陈述的种类，如果是证人对于案件的评析和判断，应当

① 参见卞建林、谭世贵主编：《证据法学》，中国政法大学出版社 2014 年版，第 109 页。

制止与排除，如果是证人对于感知对象本身的推测性意见，则应当引起重视，比如“他说话声音很高，脸色很红，看起来情绪很激动”。“看起来情绪激动”是证人的推测与判断，但这一意见性的陈述是建立在感知的基础之上的，应当引起审判人员的重视。我们认为对于证人的意见性陈述一般应该排除，但应当具备以下例外：对于基于经验事实的某些常识性的意见和合理建立在证人感觉之上的一般证人的意见证据，以及具备专门知识的人所作出的专业性的推断可以采纳。①

（六）确立审前告知制度

我们可以借鉴国外陪审团指示这一做法，在庭审前设置一项审前告知程序，内容可以以文字的形式呈现，也可以由书记员在庭审之前进行宣读，具体内容应当包括记忆的工作原理、证人证言可信性的影响因素、自信心与准确性的关系等。将关于证人证言可信性的影响因素及存在的危险以指示的方式，在控辩双方询问之前予以告知，使法官、检察官、律师等提高对证言可信性易受污染的认识，以便控辩双方能更有针对性地询问证人，也能帮助法官更好地审查判断证人证言可信性。

（七）允许心理学专家出庭

我国已经确立了专家辅助人制度，专家辅助人是指具有相关专门知识的人经法院准许，在法庭上就专业性问题与鉴定人、对方诉讼参与人进行对质和询问，并发表专家意见和见解。从上述规定可以看出心理学专家是可以作为专家辅助人出庭的。但在司法

---

① 参见孙琳、于武强：《公诉人庭审询问技巧研讨》，载《政法学刊》2013 年第 5 期。

实践中，人们往往并不认为记忆是一个专门性的问题，也不认为对于证人证言可信性的判断需要专门的知识。另外，法律工作者对于心理学是不是科学也存在疑问。因此，尽管法律规定了专家辅助人制度，但在我国的司法实践中，心理学专家应邀出庭就证人证言发表专家意见和见解的情况几乎没有。

我们认为，在控辩双方对证人证言可信性产生疑问、双方的判断出现矛盾、法官不能作出有效判断时，可以邀请心理学专家出庭发表专家意见。心理学专家出庭既可以由控辩的任一方邀请，也可以由法官邀请。围绕证人证言可信性问题，心理学专家的意见一般可涉及以下内容：(1)阐述记忆工作的原理；(2)提示证人证言的危险性；(3)儿童证人的作证能力；(4)儿童证人的易受暗示性；(5)证人证言可信性的预测指标；(6)证人自信心与证言准确性的关系等。心理学专家仅就专门性的问题发表意见，以帮助裁判者作出决定，但不能代替法官对于案件中的证人证言可信性作出判断。

本章小结

本章内容探讨了我国证人证言收集、审判判断的相关法律规定及存在的问题，结合国内外证人证言心理学的研究成果，提出了保障证人证言可信性的建议。本章共分为三节，第一节侦查阶段的证人证言可信性。本节主要探讨了侦查过程中询问证人的相关法律规定及存在的问题，并从提前告知询问程序、采用以证人为中心的访谈方式、规范询问程序、注重未成年人的特殊程序、规范询问笔录、建构询问环境等方面提出了在收集证人证言的过程中，保障证人证言可信性的建议。第二节审查起诉阶段的证人证言可信性。本节主要探讨了审查起诉阶段证人证言可信性审查的相关法律规定及存在问题。在审查起诉阶段应着重从收集证人证言的合法性、收集证人证言的具体方法、证人的主体资格、证人证言的来源、证人证言是否受其他因素的影响、证人证言与待证事实及其他证言的联系等方面开展审查。第三节庭审阶段的证人证言可信性。本节主要探讨我国关于庭审中证人询问、认证的相关法律规定及存在的问题，并从建构我国刑事证人出庭作证的模式、弱化法官的职权色彩、规范庭审询问方式、确立传闻证据规则、重视证人的意见性陈述、确立审前告知制度、允许心理学专家出庭等方面提出了保障庭审中证人证言可信性的对策。

结　束　语

证人证言心理学研究：发展与未来

证人证言心理学研究在司法上所遭遇的种种困扰在一定程度上反映了心理学与法律之间价值和目标的差异。作为言词证据的一种，证人证言与心理学有着紧密的联系，更容易受各种主客观因素的影响而发生错误。证人证言对于证明案件事实必要且又具有潜在危险的双重特性要求裁判者必须以更理性的姿态去分析评估证人证言可信性。将心理学研究引入司法领域，推进司法裁判方法转向更为技术的评估，能够帮助裁判者对证人证言可信性作出更准确的判断。

心理学关于人类记忆规律的研究，对于证人证言的审查及相关规则的构建，具有直接借鉴意义。在证据法学与其他自然科学交叉研究的证据科学兴起背景下，司法裁判中的事实认定者也进一步认识到借助心理学等学科的研究成果有助于对证人证言可信性作出准确的判断。法律工作者对于心理学研究所持的态度逐渐包容，司法实践中亦有证人证言心理学研究成果得以应用。但总体来说，法律界对于心理学研究的认可程度并不是很高。心理学工作者应当不断完善自身的研究，将更为成熟、稳定的研究成果推向司法实践。未来的研究应更注重真实案件的研究,努力提高证人证言心理学研究的外部效度。认知神经科学的成熟与应用为心理学的研究提供了新的方法,神经生物学机制的研究将是证人证言心理学未来研究的重点领域。如何有效地评估证人证言的可信性是实践工作者最为关心的问题,关于证人证言可信性标准的探索仍将是未来持续关注的问题。

第一,增加对真实案例的研究。关于心理学研究的外部效度问题一直备受质疑,外部效度的核心问题是研究结果在一定程度上是否具有普遍性和适用性。实验室开展的研究与真实案件相去甚远,因为实验室中被试在很多情况下并不像实际案件中的目击者一样,受到所目击事件的强烈冲击,没有真正被卷入事件中而受到环境以及罪犯的威胁和影响,从而导致实验室中的被试与真实案件中目击证人的焦虑水平、情绪状态、作证压力等的不同。并且在实验研究中,研究者出于方便,通常会选取大学生作为被试,而真实案件中的证人群体分布广泛。因此,在将证人证言心理学研究结论推广到司法实践中必须十分谨慎。增加对真实案例的研究,结合真实案件中证人证言研究分析可以解决、确认文献和实证研究中关于证人证言的一些普遍性问题。对于真实案件的档案分析,可以弥补实验研究缺乏外部效度的问题,提高证人证言心理学研究的适用性和推广性。

第二,增加认知神经科学的研究。在过去的几十年,认知神经科学飞速发展,事件相关电位、功能磁共振成像等技术的出现,为记忆研究开辟了新路径。这些新兴技术的出现使得我们能够为人类认知、记忆的推论提供直接的生理证据支持或反证,打开记忆的

“暗箱”，使人们能够更直观地了解人类的记忆活动。认知神经科学的发展丰富了人们对“记忆”的理解并深化了对法律运行的思考，在证人证言可信性的检测中发挥重要的作用。这种检测方式基于目击者的心理生理反应，对于有效地鉴别记忆正确与否具有重要的作用，在未来的法庭科学上必将占有一席之地。目前司法实践中对案例的研究与应用还比较少，因此对于证人证言的认知神经科学研究在司法实践中的推广与适用还应当保持谨慎。认知神经科学被认为是21世纪最具前景的学科，其应用于证人证言可信性的研究也为人们所期待。

第三，证人证言可信性评估标准的探索。理解人类记忆的原理，了解证人证言可信性影响因素，最终的目的是准确评估证人证言可信性。关于证人证言可信性评估标准的探索一直是法律工作者最为关注，也是最难解决的问题。目前没有系统的证人证言可信性评估标准，关于证人证言可信性评估多以各种指示的形式出现。证人证言可信性评估标准的建构一方面可以为法律工作者提供证人证言收集的指引，解决实践中收集证人证言的不规范行为；另一方面也可以为裁判者准确判断证人证言可信性提供系统的、可操作的依据，从而提高案件事实认定的权威性，提升司法公信力。因此，对于证人证言可信性评估标准的探索仍会是未来研究的方向。

参考文献

一、中文文献

（一）著作

1. 卞建林、谭世贵主编：《证据法学》，中国政法大学出版社2014年版。

2. 程宏斌、莫永诚主编：《证人证言分析与判断操作指南》，中国人民公安大学出版社2013年版。

3. 陈云林、孙力斌：《心证之道——心理测试技术新视角》，中国人民大学出版社2012年版。

4. 郭春镇、王凌皞：《认知神经科学在法学中的应用研究》，法律出版社2018年版。

5. 姜世明：《证据评价论》，厦门大学出版社2017年版。

6. 林崇德、杨治良、黄希庭主编：《心理学大词典》，上海教育出版社2003年版。

7. 刘希平、唐卫海、钟汝波：《记忆与元记忆心理学》，北京师范大学出版社2022年版。

8. 龙宗智：《相对合理主义》，中国政法大学出版社1999年版。

9. 罗大华：《证人证言心理》，群众出版社1992年版。

10. 彭聃龄主编：《普通心理学》，北京师范大学出版社2004

年版。

11. 邵劭:《证据法视野下的测谎研究》,知识产权出版社 2022 年版。

12. 唐卫海、刘希平:《记忆心理学研究的新动态》,中国社会科学出版社 2021 年版。

13. 王佳:《刑事辨认的原理与规制》,北京大学出版社 2011 年版。

14. 王进喜:《美国〈联邦证据规则(2011 年重塑版)条解〉》,中国法制出版社 2012 年版。

15. 武伯欣:《心理检测技术概论》,中国人民公安大学出版社 2017 年版。

16. 吴洪淇:《转型的逻辑:证据法的运行环境与内部结构》,中国政法大学出版社 2013 年版。

17. 吴克利:《审讯心理学》(第 3 版),中国检察出版社 2017 年版。

18. 吴宗宪:《犯罪心理学分论》,商务印书馆 2018 年版。

19. 杨治良、孙连荣、唐菁华编著:《记忆心理学》,华东师范大学出版社 2012 年版。

20. 杨治良、郝兴昌主编:《心理学词典》,上海辞书出版社 2016 年版。

21. 叶奕乾、何存道、梁宁建主编:《普通心理学》,华东师范大学出版社 2004 年版。

22. 张伟:《证言可信性研究》,法律出版社 2022 年版。

（二）译著

1. [奥]汉斯·格罗斯:《犯罪心理学》,耿乐群译,中国华侨出版社2020年版。

2. [奥]汉斯·格罗斯:《犯罪心理学:法官、法律工作者和法科学生读本》,刘静坤、张蔚译,北京理工大学出版社2021年版。

3. [德]托马斯·达恩史戴特:《失灵的司法:德国冤错案启示录》,郑惠芬译,法律出版社2017年版。

4. [法]勒内·弗洛里奥:《错案》,赵淑美等译,法律出版社2013年版。

5. [荷]Aldert Vrij:《欺骗与测谎——陷阱与良机》(第2版),韩春梅、张磊、刘远译,中国人民公安大学出版社2016年版。

6. [美]布兰登·L.加勒特:《误判:刑事指控错在哪了》,李奋飞等译,中国政法大学出版社2015年版。

7. [美]戴维·迈尔斯:《社会心理学》(第11版),侯玉波、乐国安、张智勇等译,人民邮电出版社2023年版。

8. [美]丹尼尔·夏科特:《记忆的七宗罪》,李安龙译,中国社会科学出版社2003年版。

9. [美]E. Bruce Goldstein:《认知心理学:心智、研究与生活》(原著第5版),张明等译,中国轻工业出版社2020年版。

10. [美]菲利普·津巴多、罗伯特·约翰逊、薇薇安·麦卡恩:《普通心理学》(第8版),傅小兰等译,人民邮电出版社2022年版。

11. [美]吉姆·佩特罗、南希·佩特罗:《冤案何以发生:导致冤假错案的八大司法迷信》,苑宁宁、陈效等译,北京大学出版社

2012 年版。

12. [美]Lawrence S. Wrightsman:《司法心理学》,吴宗宪、林遐等译,中国轻工业出版社 2004 年版。

13. [美]罗纳德·J. 艾伦等:《证据法:文本、问题和案例》(第3 版),张保生、王进喜等译,高等教育出版社 2006 年版。

14. [美]米尔建·R. 达马斯卡:《漂移的证据法》,李学军等译,中国政法大学出版社 2003 年版。

15. [美]特伦斯·安德森、戴维·舒姆、[英]威廉·特文宁:《证据分析》(第 2 版),张保生等译,中国人民大学出版社 2012 年版。

16. [美]伊丽莎白·罗芙托斯、凯撒琳·柯西:《辩方证人:一个心理学家的法庭故事》,浩平译,中国政法大学出版社 2012 年版。

17. [日]高木光太郎:《证言的心理学——相信记忆、怀疑记忆》,片成男译,中国政法大学出版社 2013 年版。

18. [英]Aldert Vrij:《说谎心理学》,郑红丽译,中国轻工业出版社 2005 年版。

19. [英]威廉·特文宁:《证据理论:边沁与威格摩尔》,吴洪淇、杜国栋译,中国人民大学出版社 2015 年版。

20. [英]克里斯托弗·艾伦:《英国证据法实务指南》(第 4 版),王进喜译,中国法制出版社 2012 年版。

21. [英]雷·布尔、蒂姆·瓦伦丁、汤姆·威廉姆森编:《调查询问心理学手册——现状与未来》,刘涛等译,知识产权出版社 2023 年版。

22. [英]威廉·特文宁:《反思证据:开拓性论著》,吴洪淇等译，中国人民大学出版社 2014 年版。

23. 郑芸珍等译：《心理学与法律》，中国政法大学出版社 1989 年版。

（三）期刊论文

1. 毕惜茜：《论侦查中的诱导性询问》，载《公安大学学报》2000 年第 4 期。

2. 毕惜茜：《英国警察：从审讯到侦查访谈（下）》，载《现代世界警察》2020 年第 2 期。

3. 毕惜茜、梁嘉龙：《英国侦查访谈技术探析及借鉴思考》，载《公安学研究》2020 年第 2 期。

4. 陈林林、张晓笑：《法律的认知科学研究：主题与方法——第一届“法律与认知科学”研讨会综述》，载《浙江社会科学》2013 年第 12 期。

5. 陈瑞华：《以限制证据证明力为核心的新法定证据主义》，载《法学研究》2012 年第 6 期。

6. 崔茜、张庆林：《测谎中反馈加工的认知神经机制：一项 ERP 研究》，载《心理科学》2013 年第 1 期。

7. 樊传明：《证据排除规则的发展动因：制度史解释》，载《中外法学》2018 年第 3 期。

8. 封利强：《我国刑事证据推理模式的转型：从日常思维到精密论证》，载《中国法学》2016 年第 6 期。

9. 范刚：《测谎与测真——从杜培武案谈“测谎”及其科学应用》，载《西部法学评论》2019 年第 1 期。

10. 方斌：《论侦查询问中的交流技巧——以证人和被害人为

中心》,载《中国刑事法杂志》2013 年第 1 期。

11. 方斌:《证人记忆匹配性询问模式构建——从侦查人员中心走向目击证人中心》,载《中国人民公安大学学报(社会科学版)》2017 年第 5 期。

12. 冯俊伟:《刑事证据分布理论及其运用》,载《法学研究》2019 年第 4 期。

13. 葛岩:《法学研究与认知 - 行为科学》,载《上海交通大学学报(哲学社会科学版)》2013 年第 4 期。

14. 顾永忠:《庭审实质化与交叉询问制度——以人民法院办理刑事案件第一审普通程序法庭调查规程(试行)为视角》,载《法律适用》2018 年第 1 期。

15. 何家弘:《刑事证据的采纳标准和彩信标准》,载《人民检察》2001 年第 10 期。

16. 何家弘、何然:《刑事错案中的证据问题——实证研究与经济分析》,载《政法论坛》2008 年第 2 期。

17. 侯猛:《社科法学的研究格局:从分立走向整合》,载《法学》2017 年第 2 期。

18. 李安:《证言真实性的审查与判断——陈述有效性评估技术》,载《证据科学》2008 年第 1 期。

19. 李雨馨、宋伟:《神经科学证据在法庭上的运用》,载《安徽大学法律评论》2014 年第 1 辑。

20. 刘磊:《性侵儿童案件儿童证词的证据认定与采信标准——以当代儿童心理科学研究为借鉴》,载《青少年犯罪问题》2019 年第 4 期。

21. 刘立霞、吴丹红:《证人制度的实证分析》,载《证据学论坛》第7卷,中国检察出版社2004年版。

22. 刘玫:《论直接言词原则与我国刑事诉讼——兼论审判中心主义的实现路径》,载《法学杂志》2017年第4期。

23. 刘志宏、陈浩、曹卓:《儿童证人询问技术与警察常规询问比较研究》,载《中国人民公安大学学报(社会科学版)》2015年第4期。

24. 莫然:《认知型侦查询问模式实证研究》,载《中国人民公安大学学报(社会科学版)》2015年第1期。

25. 莫然、龙潭:《未成年证人侦查询问程序实证分析及构建》,载《青少年犯罪问题》2017年第4期。

26. 强卉:《刑事证人证言的可信性问题研究——以美国证据法中的证人弹劾制度为视角》,载《法律科学(西北政法大学学报)》2016年第3期。

27. 秦裕林、葛岩、林喜芬:《认知科学在法学研究中的应用述评》,载《法律与社会科学》2017年第2期。

28. 施鹏鹏:《刑事裁判中的自由心证——论中国刑事证明体系的变革》,载《政法论坛》2018年第4期。

29. 苏彦捷、孙金鑫:《反馈对目击证人辨认信心的影响》,载《心理与行为研究》2003年第1期。

30. 孙琳、于武强:《公诉人庭审询问技巧研讨》,载《政法学刊》2013年第5期。

31. 王龙、刘洪广:《证人记忆的影响因素及认知神经科学检测方法探新》,载《证据科学》2012年第5期。

32. 王龙、刘洪广、杨恒毅:《犯罪心理测试技术工具探析——多导仪测试与脑电位测试》,载《广东公安科技》2012 年第 2 期。

33. 汪建成:《专家证人模式与司法鉴定模式之比较》,载《证据科学》2010 年第 1 期。

34. 王忠敏、周丹阳:《论心理学视角下的言辞证据错误风险》,载《江西警察学院学报》2016 年第 2 期。

35. 吴洪淇:《证据法中的跨学科研究:挑战与回应》,载《北大法律评论》2016 年第 1 期。

36. 吴羽:《测谎在刑事司法中的应用问题研究》,载《中国司法鉴定》2022 年第 2 期。

37. 武西锋:《法学跨学科研究的中国之道》,载《学术论坛》2021 年第 3 期。

38. 吴习彧:《法庭上的神经科学:如何评估脑影像的证据效力》,载《浙江学刊》2016 年第 4 期。

39. 吴旭阳:《20 世纪初美国法学与心理学的交叉研究及反思》,载《政法论坛》2020 年第 2 期。

40. 肖杰文:《法与神经科学研究述评——兼论认知科学与法》,载《河南财经政法大学学报》2013 年第 3 期。

41. 谢鹏、王家宁:《比较法视野下我国多道测谎培训及认证问题探讨》,载《广西警察学院学报》2021 年第 2 期。

42. 谢澍:《从"认识论"到"认知论"——刑事诉讼法学研究之科学化走向》,载《法制与社会发展》2021 年第 1 期。

43. 余军等:《心理测试技术在日本的研究与应用现状》,载《证据科学》2018 年第 2 期。

44. 张启睿、舒华:《认知访谈技术研究进展》,载《华南师范大学学报(社会科学版)》2008 年第 5 期。

45. 张卫东、李其维:《认知神经科学对心理学的研究贡献——主要来自我国心理学界的重要研究工作述评》,载《华东师范大学学报(教育科学版)》2007 年第 1 期。

(四)学位论文

1. 白红民:《类别特异性命名区的脑定位及其临床应用研究》,第二军医大学 2010 年博士学位论文。

2. 龚小玲:《目击证人证言的心理学实验研究》,西南大学 2007 年博士学位论文。

3. 姜丽娜:《事件后信息影响目击证言准确性的实验研究》,中国政法大学 2007 年硕士学位论文。

4. 李冉毅:《诱导性询问规则研究——以刑事诉讼为视角》,西南政法大学 2014 年硕士学位论文。

5. 王国帅:《儿童证人询问程序标准化的心理学研究》,中国人民公安大学 2018 年硕士学位论文。

6. 王进喜:《刑事证人证言论》,中国政法大学 2001 年博士学位论文。

7. 肖杰文:《法与神经科学研究当议》,武汉大学 2015 年博士学位论文。

8. 张华威:《记忆主动抑制影响基于反应时的犯罪心理测试有效性》,中国人民公安大学 2022 年博士学位论文。

9. 郑红丽:《P300 测谎技术研究》,中国政法大学 2009 年博士学位论文。

二、外文文献

(一)著作

1. Amina Memon, Aldert Vrij & Ray Bull, *Psychology and Law: Truthfulness, Accuracy and Credibility*, Wiley, 2003.

2. Bartlett F. C., *Remembering: A Study in Experimental and Social Psychology*, Cambridge University Press, 1932.

3. Brian L. Cutler, *Expert Testimony on the Psychology of Eyewitness Identification*, Oxford University Press, 2009.

4. Bruce D. Sales & Daniel A. Krauss, *The Psychology of Law: Human Behavior, Legal Institutions and Law*, American Psychological Association, 2014.

5. Charles P. Thompson et al., *Eyewitness Memory: Theoretical and Applied Perspectives*, Psychology Press, Taylor & Francis Group, 1995.

6. Elizabeth F. Loftus, *Eyewitness Testimony*, Harvard University Press, 1996.

7. Foley H. & Matlin M., *Sensation and Perception* (*5th ed.*), Psychology Press, 2010.

8. James Michael Lampinen, Jeffrey S. Neuschatz & Andrew D. Cling, *The Psychology of Eyewitness Identification*, Routledge, Taylor & Francis Group, 2011.

9. Hall E. T., *The Hidden Dimension*, Doubleday, 1996.

10. M. P. Toglia et al., *The Elderly Eyewitness in Court*, Psy-

chology Press, Taylor & Francis Group, 2013.

11. Neath I. & Brown G., *Making Distinctiveness Models of Memory Distinct*, *The Foundations of Remembering: Essays in Honor of Herry L. Roediger*, Ⅲ, Psychology Press, 2007.

12. Ronald Roesch & Kaitlyn McLachlan, *Clinical Forensic Psychology and Law*, Routledge, Taylor & Francis Group, 2018.

13. Scheck B., Neufeld P. & Dwyer J., *Actual Innocence: Five Days to Execution and other Dispatches from the Wrongly Convicted*, Double day, 2000.

14. Technical Working Group for Eyewitness Evidence, *Eyewitness Evidence: A Guide for Law Enforcement*, Washington, U. S. Department of justice, 1999.

（二）论文

1. Annelies Vredeveldt et al., *Effects of Cannabis on Eyewitness Memory: A Field Study*, Applied Cognitive Psychology, Vol. 32, p. 420 – 428 (2018).

2. Astur R. S., Ortiz M. L. & Sutherland R. J., *A Characterization of Performance by Men and Women in a Virtual Morris Water Task: a Large and Reliable Sex Difference*, Behavioural Brain Research, Vol. 93, p. 185 – 190 (1998).

3. Ben-Shakhar G. & Elaad E., *Effects of Questions' Repetition and Variation on the Efficiency of the Guilty Knowledge Test: a Reexamination*, Journal of Applied Psychology, Vol. 87, p. 972 – 977 (2002).

4. Benton T. R. et al., *Eyewitness Memory is still not Commonsense: Comparing Jurors, Judges, and Law Enforcement to Eyewitness Experts*, Applied Cognitive Psychology, Vol. 20, p. 1115 – 1129(2006).

5. Bradfield A. L., Wells G. L. & Olson E. A., *The Damaging Effect of Confirming Feedback on the Relation between Eyewitness Certainty and Accuracy*, Journal of Applied Psychology, Vol. 87:1, p. 112 – 120(2002).

6. Charman S. D. & Cahill B. S., *Witnesses' Memories for Lineup Fillers Postdicts Their Identification Accuracy*, Journal of Applied Research in Memory and Cognition, Vol. 1, p. 11 – 17(2012).

7. Christiaansen R. E., Ochalek K. & Sweeney J. D., *Individual Differences in Eyewitness Memory and Confidence Judgments*, The Journal of General Psychology, Vol. 110, p. 47 – 52(1984).

8. Christianson S. A., Karlsson I. & Persson L. G. W., *Police Personnel as Eyewitnesses to a Violent Crime*, Legal and Criminological Psychology, Vol. 3:1, p. 59 – 72(1998).

9. Clark S. E. & Godfrey R. D., *Eyewitness Identification Evidence and Innocence Risk*, Psychonomic Bulletin and Review, Vol. 16:1, p. 22 – 42(2009).

10. Clifford B. R. & Scott J., *Individual and Situational Factors in Eyewitness Testimony*, Journal of Applied Psychology, Vol. 63:3, p. 352 – 359(1978).

11. Darling S., Valentine T. & Memon A., *Selection of Lineup*

Foils in Operational Contexts, Applied Cognitive Psychology, Vol. 22:2, p. 159 – 169(2008).

12. Davatzikos C. et al., *Classifying Spatial Patterns of Brain Activity with Machine Learning Methods: Application to Lie Detection*, Neuroimage, Vol. 28:3, p. 663 – 668(2005).

13. Deffenbacher K. A. et al., *A Meta-Analytic Review of the Effects of High Stress on Eyewitness Memory*, Law and Human Behavior, Vol. 28, p. 687 – 706(2004).

14. DiNardo L. & Rainey D., *Recognizing Faces in Bright and Dim Light*, Perceptual & Amp Motor Skills, Vol. 68, p. 836 – 838 (1989).

15. DiNardo L. & Rainey D., *The Effects of Illumination Level and Exposure Time on Facial Recognition*, Psychological Record, Vol. 41, p. 329 – 334(1991).

16. Douglass A. B. & Mc Quiston-Surrett D., *Post-Identification Feedback: Exploring the Effects of Sequential Photo Spreads and Eyewitnesses' Awareness of the Identification Task*, Applied Cognitive Psychology, Vol. 20:8, p. 991 – 1007(2006).

17. Farwell L. A. & Donchin E., *The Truth Will Out: Interrogative Polygraphy ('Lie Detection') with Event-Related Brain Potentials*, Psychophysiology, Vol. 28:5, p. 531 – 547(1991).

18. Finger K. & Pezdek K., *The Effect of the Cognitive Interview on Face Identification Accuracy: Release from Verbal Overshadowing*, Journal of Applied Psychology, Vol. 84, p. 340 – 348

(1999).

19. Foster H., *Confessions and the Station House Syndrome*, Depaul Law Review, Vol. 18:1, p. 683 – 701(1969).

20. Gabbert F. et al., *Memory Conformity between Eyewitnesses*, Court Review, Vol. 48, p. 36 – 43(2012).

21. Going M. & Read J. D., *Effects of Uniqueness, Sex of Subject, and Sex of Photograph on Facial Recognition*, Perceptual and Motor Skills, Vol. 39:1, p. 109 – 110 (1974).

22. Greathouse S. M. & Kovera M. B., *Instruction Bias and Lineup Presentation Moderate the Effects of Administrator Knowledge on Eyewitness Identification*, Law and Human Behavior, Vol. 33, p. 70 – 82(2009).

23. Gudjonsson G. H. & MacKeith J. A. C., *False Confessions: Psychological Effects of Interrogation*, in A. Trankell eds., Reconstructing the Past Deventer, The Netherlands: Kluwer, 1982, p. 253 – 269.

24. Hafstad G. S., Memon A. & Logie R., *Post-Identification Feedback, Confidence and Recollections of Witnessing Conditions in Child Witnesses*, Applied Cognitive Psychology, Vol. 18, p. 901 – 912 (2004).

25. Hekkanen S. T. & McEvoy C., *False Memories and Source-Monitoring Problems: Criterion Differences*, Applied Cognitive Psychology, Vol. 16:11, p. 73 – 85(2002).

26. Herron J. E., Quayle A. H. & Rugg M. D., *Probability*

Effects on Event-Related Potential Correlates of Recognition Memory, Cognitive Brain Research, Vol. 16, p. 66 – 73(2003).

27. Hockley W. E. & Consoli A., *Familiarity and Recollection in Item and Associative Recognition*, Memory & Cognition, Vol. 27, p. 657 – 664(1999).

28. Huff C. R., Ratner A. & Sagarin E., *Guilty until Proven Innocent: Wrongful Conviction and Public Policy*, Crime & Delinquency, Vol. 32:4, p. 518 – 544(1986).

29. Hugo Muensterberg, *On the Witness Stand: Essays on Psychology and Crime*, New York: The Mcclure Company, 1908.

30. Igor Areh., *Gender-Related Differences in Eyewitness Testimony*, Personality and Individual Differences, Vol. 50, p. 559 – 563 (2011).

31. Jacoby L. & Dallas M., *On the Relationship between Autobiographical Memory and Perceptual Learning*, Journal of Experimental Psychology: General, Vol. 110:3, p. 306 – 340(1981).

32. Johnson M. K., Hashtroudi S. & Lindsay D. S., *Source Monitoring*, Psychological Bulletin, Vol. 114 :1, p. 3 – 28(1993).

33. Johnson M. K. & Raye C. L., *Reality Monitoring*, Psychological Review, Vol. 88:1, p. 67 – 85(1981).

34. Juslin P., Olsson N. & Winman A., *Calibration and Diagnosticity of Confidence in Eyewitness Identification: Comments on What can be Inferred from the Low Confidence-Accuracy Correlation*, Journal of Experimental Psychology: Learning, Memory, and

Cognition, Vol. 22:5, p. 1304 – 1316(1996).

35. Krafka C. & Penrod S. *Reinstatement of Context in a Field Experiment on Eyewitness Identification*, Journal of Personality and Social Psychology, Vol. 49:1, p. 58 – 69(1985).

36. Kassin S. M. & Kiechel K. L., *The Social Psychology of False Confessions: Compliance, Internalization, and Confabulation*, Psychological Science, Vol. 7:3, p. 125 – 128(1996).

37. Kassin S. M. et al., *On the 'General Acceptance' of Eyewitness Testimony Research: a New Survey of the Experts*, American Psychologist, Vol. 56:5, p. 405 – 416(2001).

38. Lampinen J. M. et al., '*Good, You Identified the Suspect, but Please Ignore This Feedback*': *Can Warnings Eliminate the Effects of Post-Identification Feedback?*, Applied Cognitive Psychology, Vol. 21:8, p. 1037 – 1056(2007).

39. Lefebver C. D. et al., *Determining Eyewitness Identification Accuracy Using Event-Related Brain Potentials (ERPs)*, Psychophysiology, Vol. 44, p. 894 – 904(2007).

40. Leippe M. R. & Eisenstadt D., *Eyewitness Confidence and the Confidence Accuracy Relationship in Memory for People The Handbook of Eyewitness Psychology, vol ii: Memory for People*, Mahwah, N. J., Lawrence Erlbaum Associates Publishers, 2007, p. 377 – 425.

41. Lewin C., Wolgers G. & Herlitz A., *Sex Differences Favoring Women in Verbal but not in Visuospatial Episodic Memory*, Neu-

ropsychology, Vol. 15, p. 165 – 173 (2001).

42. Lipton J. P., *On the Psychology of Eyewitness Testimony*, Journal of Applied Psychology, Vol. 66, p. 79 – 89(1977).

43. Lindsay D. S. et al., *Eyewitness Suggestibility and Source Similarity: Intrusions of Details from one Event into Memory Reports of another Event*, Journal of Memory and Language, Vol. 50:1, p. 96 – 111(2004).

44. Lindsay D. S. & Johnson M. K., *The Eyewitness Suggestibility Effect and Memory for Source*, Memory & Cognition, Vol. 17: 3, p. 349 – 358(1989).

45. Lindsay R. C. L., Martin R. & Webber L., *Default Values in Eyewitness Descriptions: A Problem for the Match-to-Description Lineup Foil Selection Strategy*, Law and Human Behavior, Vol. 18: 5, p. 527 – 541(1994).

46. Lindsay D. S., Read J. D. & Sharma K., *Accuracy and Confidence in Person Identification: The Relationship is Strong when Witnessing Conditions Vary Widely*, Psychological Science, Vol. 9, p. 215 – 218(1998).

47. Lindsay R. C. L. & Wells G. L., *Improving Eyewitness Identifications from Lineups: Simultaneous versus Sequential Lineup Presentation*, Journal of Applied Psychology, Vol. 70:3, p. 556 – 564 (1985).

48. Loftus E. F., Miller D. G. & Burns H. J., *Semantic Integration of Verbal Information into a Visual Memory*, Journal of Ex-

perimental Psychology: Human Learning and Memory, Vol. 4:1, p. 19 – 31(1978).

49. Loftus E. F. & Palmer J. C., *Reconstruction of Auto-Mobile Destruction: An Example of the Interaction between Language and Memory*, Journal of Verbal Learning and Verbal Behavior, Vol. 13:5, p. 585 – 589(1974).

50. Lupien S. J. & McEwen B. S., *The Acute Effects of Corticosteroids on Cognition: Integration of Animal and Human Model Studies*, Brain Research Review, Vol. 24, p. 1 – 27(1997).

51. Luus C. A. E. & Wells G. L., *The Malleability of Eyewitness Confidence: Co-Witness and Perseverance Effects*, Journal of Applied Psychology, Vol. 79:5, p. 714 – 723(1994).

52. Lykken D. T., *The GSR in the Detection of Guilt*, Journal of Applied Psychology, Vol. 43:6, p. 385(1959).

53. Magali Ginet and Fanny Verkampt, *The Cognitive Interview: Is Its Benefit Affected by the Level of Witness Emotion?* Memory, Vol. 15:4, p. 450 – 464(2007).

54. Magnussen S. et al., *Beliefs about Factors Affecting the Reliability of Eyewitness Testimony: A Comparison of Judges, Jurors and the General Public*, Applied Cognitive Psychology, Vol. 24, p. 122 – 33(2010).

55. Magnussen S. et al., *What Judges Know about Eyewitness Testimony: A Comparison of Norwegian and US Judges*, Psychology Crime & Law, Vol. 14, p. 77 – 188(2008).

56. Malpass R. S. & Devine P. G, *Eyewitness Identification: Lineup Instructions and Absence of the Offender*, Journal of Applied Psychology, Vol. 66:4, p. 482 – 489(1981).

57. Mc Closkey M. & Zaragoza M., *Misleading Postevent Information and Memory for Events: Arguments and Evidence Against Memory Impairment Hypotheses*, Journal of Experimental Psychology: General, Vol. 114:1, p. 1 – 16(1985).

58. Meissner C. A. & Brigham J. C., *A Meta-Analysis of the Verbal Overshadowing Effect in Face Identification*, Applied Cognitive Psychology, Vol. 15:6, p. 603 – 616(2001).

59. Meijer E. H. et al., *Deception Detection with Behavioral, Autonomic, and Neural Measures: Conceptual and Methodological Considerations that Warrant Modesty*, Psychophysiology, Vol. 53:5, p. 593 – 604(2016).

60. Memon A. et al., *The Aging Eyewitness: Effects of Age on Face, Delay, and Source-Memory Ability*, Journals of Gerontology: Series B, Gerontological Society of America, Vol. 58:6, p. 338 – 345 (2003).

61. Mitchell K. J. et al., *Aging and Reflective Processes of Working Memory: Binding and Test Load Deficits*, Psychology & Aging, Vol. 15, p. 527 – 541(2000).

62. Mohamed F. B. et al., *Brain Mapping of Deception and Truth Telling about an Ecologically Valid Situation: Functional MR Imaging and Polygraph Investigation—Initial Experience*, Radiology,

Vol. 238, p. 679 – 688 (2006).

63. Nissim N. R. et al., *Frontal Structural Neural Correlates of Working Memory Performance in Older Adults*, Frontiers in Aging Neuroscience, Vol. 8:328, p. 1 – 9 (2017).

64. Newcomer J. W. et al., *Decreased Memory Performance in Healthy Humans Induced by Stress-Level Cortisol Treatment*, Archives of General Psychiatry, Vol. 56, p. 527 – 533 (1999).

65. Paterson H. M. & Kemp R. I., *Co-Witnesses Talk: A Survey of Eyewitness Discussion*, Psychology, Crime & Law, Vol. 12:2, p. 181 – 191 (2006).

66. Paterson H. M. & Kemp R. I., *Comparing Methods of Encountering Post-Event Information: The Power of Co-Witness Suggestion*, Applied Cognitive Psychology, Vol. 20:8, p. 1083 – 1099 (2006).

67. Penrod S. & Shapiro P., *A Meta-Analysis of Facial Identification Studies*, Psychological Bulletin, Vol. 100, p. 139 – 156 (1986).

68. Petterson B. & Paterson H. M., *Culture and Conformity: The Effects of Independent and Interdependent Self-Construal on Witness Memory*, Psychiatry, Psychology and Law, Vol. 19:5, p. 735 – 744 (2012).

69. Pozzulo J. D. & Lindsay R. C. L., *Identification Accuracy of Children versus Adults: a Meta-Analysis*, Law and Human Behavior, Vol. 22. p. 549 – 570 (1998).

70. Pozzulo J., *Person Description and Identification by Child*

Witnesses, in Lindsay R. C. L. eds., The Handbook of Eyewitness Psychology., Mahweah, NJ: Erlbaum, 2007, p. 283 – 308.

71. Quinlivan D. S. et al., *The Effect of Post-Identification Feedback, Delay, and Suspicion on Accurate Eyewitnesses*, Law and Human Behavior, Vol. 36, p. 206 – 214(2012).

72. Ralf Mertens & John J. B. Allen, *The Role of Psychophysiology in Forensic Assessments: Deception Detection, ERPs, and Virtual Reality Mockcrime Scenarios*, Psychophysiology, Vol. 45, p. 286 – 298(2008).

73. Rattner A., *Convicted but Innocent: Wrongful Conviction and the Criminal Justice System*, Law and Human Behavior, Vol. 12: 3, p. 283 – 291(1988).

74. Ronald P., Fisher R. & Edward Geiselman, *The Cognitive Interview Method of Conducting Police Interviews: Eliciting Extensive Information and Promoting Therapeutic Jurisprudence*, International Journal of Law and Psychiatry, Vol. 33, p. 321 – 328(2010).

75. Ronie Navon, Paul W. Kelly & David W. Johnston, *Identification of Human Barriers to the Successful Implementation of Construction Automation*, The 9th International Symposium on Automation and Robotics in Construction, 1992 Tokyo, Japan.

76. Sauer J. D., Brewer N. & Weber N., *Multiple Confidence Estimates as Indices of Eyewitness Memory*, Journal of Experimental Psychology: General, Vol. 137:3, p. 528 – 547(2008).

77. Saunders J. & MacLeod M. D., *New Evidence on the Sug-*

gestibility of Memory: the Role of Retrieval-Induced Forgetting in Misinformation Effects, Journal of Experimental Psychology, Vol. 8: 2, p. 127 – 142(2002).

78. Saywitz K. J., *Improving Children's Testimony: The Question, the Answer, and the Environment*, in. Zaragoza M. S. eds., Memory and Testimony in the Child Witness, Thousands Oaks, CA: Sage, 1995, p. 113 – 140.

79. Schmechel R. S. et al., *Beyond the Ken? Testing Jurors' Understanding of Eyewitness Reliability Evidence*, Jurimetrics, Vol. 46:2, p. 177 – 214(2006).

80. Shapiro P. & Penrod S., *Meta-Analysis of Facial Identification Studies*, Psychological Bullet, Vol. 100, p. 139 – 156(1986).

81. Smith S. M., Glenberg A. M. & Bjork R., *Environmental Context and Human Memory*, Memory & Cognition, Vol. 6, p. 342 – 353 (1978).

82. Sporer S. L., *The Less Travelled Road to Truth: Verbal Cues in Deception Detection in Accounts of Fabricated and Self-Experienced Events*, Applied Cognitive Psychology, Vol. 11:5, p. 373 – 397(1997).

83. Sporer S. et al., *Choosing, Confidence, and Accuracy: A Meta-Analysis of the Confidence-Accuracy Relation in Eyewitness Identification Studies*, Psychological Bulletin, Vol. 118:3, p. 315 – 327 (1995).

84. Steblay M. N., *A Meta-Analytic Review of the Weapon Fo-*

cus Effect, *Law and Human Behavior*, Vol. 16:4, p. 413 –424(1992).

85. Steblay N. M., *Social Influence in Eyewitness Recall: a Meta-Analitic Review of Lineup Instruction*, Law and Human Behavior, Vol. 21, p. 283 –298(1997).

86. Steblay N. M. et al., *Eyewitness Accuracy Rates in Sequential and Simultaneous Lineup Presentations: a Meta-Analytic Comparison*, Law Human Behavior, Vol. 25:5, p. 459 –474(2001).

87. Steblay N. M., Dysart J. & Fulero S., *Eyewitness Accuracy Rates in Polices How-up and Line up Presentations: A Meta-Analytic Comparison*, law and Human Behavior, Vol. 27, p. 523 – 540 (2003).

88. Skagerberg E. & Wright D., *The Prevalence of Co-Witnesses and Co-Witness Discussions in Real Eyewitnesses*, Psychology, Crime & Law, Vol. 14:6, p. 513 –521 (2008).

89. Steve D., Rolando N. & Shari L. Schwartz., *The Effect of Biased Lineup Instructions on Eyewitness Identification Confidence*, Applied Cognitive Psychology, Vol. 32, p. 287 –297(2018).

90. Tsivlis D, Otten L. J. et al., *Context Effects on the Neural Correlates of Recognition Memory: an Electrophysiological study*, Neuron, Vol. 31, p. 497 –505 (2011).

91. Turtle J. W., Lindsay R. C. L. & Wells G. L., *Best Practice Recommendations for Eyewitness Evidence Procedures: New Ideas for the Oldest Way to Solve a Case*, The Canadian Journal of Police and Security Services, Vol. 1:1, p. 5 –18(2003).

92. Tunnicliff J. L. & Clark S. E. ,*Selecting Foils for Identification Lineups: Matching Suspects or Descriptions?*, Law and Human Behavior, Vol. 24, p. 231 – 258 (2000).

93. Valentine T. ,*A Unified Account of the Effects of Distinctiveness, Inversion and Race in Face Recognition*, Quarterly Journal of Experimental Psychology, Vol. 44, p. 161 – 204 (1991).

94. Valentine T. & Mesout J. , *Eyewitness Identification under Stress in the London Dungeon*, Applied Cognitive Psychology, Vol. 23, p. 151 – 161 (2009).

95. Verschuere B. & Ben-Shakhar G. ,*Theory of the Concealed Information Test*, in B. Verschuere eds. , Memory Detection: Theory and Application of the Concealed Information Test, New York, NY: Cambridge University Press, 2011, p. 128 – 148.

96. Wagstaff G. F. et al. , *Can Laboratory Findings on Eyewitness Testimony be Generalized to the Real World? An Archival Analysis of the in Fluence on Violence, Weapon Presence, and Age on Eyewitness Accuracy*, The Journal of Psychology, Vol. 137:1, p. 17 – 28 (2003).

97. Walker P. M. et al. ,*Social Contact and Other-Race Face Processing in the Human Brain*, Social Cognitive and Affective Neuroscience, Vol. 3, p. 16 – 25 (2008).

98. Walla P. et al. , *False Recognition in a Verbal Memory Task: an Event-Related Potential Study*, Cognitive Brain Research, Vol. 9:1, p. 41 – 44 (2000).

99. Warden R. , *Illino is Death Penalty Reform*: *How It Happened, What in Promises*, The Journal of Criminal Law & Criminology, Vol. 95:2, p. 381 – 426(2005).

100. Warren A. R. , Hulse T. K. & Tubbs E. , *Inducing Resistance to Suggestibility in Children*, Law and Human Behavior, Vol. 15, p. 273 – 285(1991).

101. Wells G. L. , *The Psychology of Lineup Identifications*, Journal of Applied Social Psychology, Vol. 14:2, p. 89 – 103(1984).

102. Wells G. L. , *What do We Know about Eyewitness Identification*? American Psychologist, Vol. 48:5, p. 553 – 571(1993).

103. Wells G. L. & Bradfield A. L. , "*Good, You Identified the Suspect*": *Feedback to Eyewitnesses Distorts Their Reports of the Witnessing Experience*, Journal of Applied Psychology, Vol. 83:3, p. 360 – 376(1998).

104. Wells G. L. , Lindsay R. C. L. & Ferguson T. J. , *Accuracy, Confidence, and Juror Perceptions in Eyewitness Identification*, Journal of Applied Psychology, Vol. 64:4, p. 440 – 448(1979).

105. Wells G. L. & Olson E. , *Eyewitness Identification*, Annual Review of Psychology, Vol. 54, p. 277 – 295(2003).

106. Wells G. L. & Quinlivan D. S. , *Suggestive Eyewitness Identification Procedures and the Supreme Court's Reliability Test in Light of Eyewitness Science*: 30 *Years Later*, Law and Human Behavior, Vol. 33:1, p. 1 – 24(2009).

107. Wells G. L. et al. , *Eyewitness Identifications Procedures*:

Recommendations for Lineups and Photo Spreads, Law and Human Behavior, Vol. 22, p. 603 – 647(1998).

108. Wise R. A. et al., *A Comparison of Chinese Judges' and US Judges' Knowledge and Beliefs about Eyewitness Testimony*, Psychology Crime & Law, Vol. 16, p. 695 – 713(2010).

109. Wise R. A. & Safer M. A., *What US Judges Know and Believe about Eyewitness Testimony*, Applied Cognitive Psychology, Vol. 18, p. 427 – 443(2004).

110. Wixted J. T. & Wells G. L., *The Relationship between Eyewitness Confidence and Identification Accuracy: A New Synthesis*, Psychological Science in the Public Interest, Vol. 18:1, p. 10 – 65 (2017).

111. Wright D. B. & Skagerberg E. M., *Post-Identification Feedback Affects Real Eyewitnesses*, Psychological Science, Vol. 18: 2, p. 172 – 178(2007).

112. Wright D. B. & Stroud J. N., *Age Differences in Lineup Identification Accuracy: People are Better with Their Own Age*, Law and Human Behavior, Vol. 26:6, p. 641 – 654(2003).

(三)案例

1. United Sates v. Harrington, 410 F. 3d 598(2000).

2. Watkins v. Sowders, 449 U. S., 352(1981).

3. Wilson v. Corestaff Services, 900 N. Y. S. 2d 639 (2010).